Marijke Amado

„Mister Bink“

Vom Traummann zum Albtraum

Buchwidmung

Ich widme dieses Buch meinem Sohn Kay.

Ich möchte mich bei Dir entschuldigen, dass ich Dich durch all meine persönlichen Wirbelstürme mitgenommen habe.

Ebenso wie mir, hätte ich Dir gerne die Begegnung mit Mr. Bink erspart. Aber ich weiß genau, Du wirst niemals einer!

Du bist für mich der liebenswerteste und aufmerksamste Mensch dieser Welt.

M.

Inhalt

Prolog

Es gibt Begegnungen, die das Leben eines Menschen in völlig andere Bahnen lenken können.

Wüsste man bereits am Morgen des betreffenden Tages, was da so alles an Ereignissen auf einen zukommt, Ereignisse, die so lebens-einschneidende Spuren hinterlassen, könnte man sich darauf freuen oder sich der Begegnung entziehen.

In den allermeisten Fällen ahnt man jedoch morgens nicht einmal, dass es im Verlauf des Tages eine solch lebensverändernde Begegnung geben wird.

Hätte ich damals auch nur im Ansatz geahnt, was sich aus dieser Begegnung alles entwickeln sollte, ich wäre nie in dieses Hotel gefahren, ich hätte mich niemals auf diese Terrasse gesetzt, und ich hätte vor allem die Einladung von „Mr. Bink", sich doch an seinen Tisch zu setzen, höflich, aber bestimmt ausgeschlagen.

Aber ich ahnte nichts.

Genauso wie Sie jetzt ahnte ich damals nicht einmal, wer oder was ein „Mr. Bink" ist. Besser gesagt, ich hatte nicht einmal die leiseste Ahnung von seiner Existenz.

Wobei „Mr. Bink" nicht einmal etwas ist, das es auf der Welt nur ein einziges Mal gibt. Er begegnet uns möglicherweise immer wieder einmal, und im Nachhinein besehen gleichen sich alle Exemplare einander in erschreckend ähnlicher Art und Weise.

Heute erkenne ich fast immer (für das zumindest waren meine harten Lehrjahre nützlich) einen Mr. Bink schon von weitem, manchmal erst nach einer kurzen Konversation, aber alle Mr. Binks dieser Welt präsentieren sich so, als hätte jeder von ihnen an der gleichen Universität das Lehrfach „Frauenkunde/ Zielverfolgung" belegt.

Mr. Bink sucht ganz gezielt seine Opfer aus, daher bleibt er für viele Frauen unerkannt, weil er sich dann gar nicht als Mr. Bink outet. Mr. Bink wird er erst dann, wenn frau perfekt in sein Beuteschema passt.

Aber auch davon ahnte ich damals nichts.

Ich war zu dieser Zeit erfolgreich als Moderatorin einer sehr beliebten Fernsehsendung tätig, hatte jede Woche über sieben Millionen Zuschauer, verdiente gut und konnte mit meinem Leben zufrieden sein.

Gerade hatte ich für mich und meinen Sohn ein traumhaft schönes Haus gekauft. Alleine, von meinem eigenen Geld, worauf ich eigentlich stolz sein durfte.

Auf der anderen Seite bedeutete dieses „alleine" aber auch, dass ich keinen Partner an meiner Seite hatte. Die private Liebe fehlte.

Und mit allen diesen Kriterien war ich die perfekte Beute für Mr. Bink.

Aus heutiger Sicht liegt natürlich alles klar vor mir, und ich weiß, dass es Dutzende Anlässe gab, wo ich hätte die Notbremse ziehen und mich von Mr. Bink trennen sollen.

Aber erstens war ich anfangs heftigst verliebt, was ohnehin nicht gerade zur Schärfung der Sinne und zu objektiver Betrachtungsweise führt, und zweitens schaffte es Mr. Bink, genau dann, wenn ich meinte, endlich die Beziehung beenden zu können, mich wieder und wieder in seinen Bann zu ziehen. Außerdem war ich in dieser Phase, wie meine Freunde sagten, ohnehin lernresistent.

Zur Beendigung kam es erst, als ich meine Augen nun wirklich nicht mehr verschließen konnte vor dem, was Mr. Bink mit meinem Leben getan hatte. Als ich leidvoll sah, dass meine Lebensfreude, mein Vermögen, meine berufliche Energie und mein Freundeskreis auf ein Minimum geschrumpft waren. Es war für mich eine teure Lehre, denn von allem, was ich mir aufgebaut hatte, blieb kaum etwas übrig.

Tränen trocknen immer, und heute habe ich wieder den notwendigen Abstand gewonnen.

Deshalb bin ich jetzt in der Lage, Ihnen, verehrte Leserinnen meines Buches, das Erkennen und den richtigen Umgang mit einem Mr. Bink aufzuzeigen, damit Sie nicht, so wie ich und viele andere Frauen, die ich im Laufe der Arbeit an diesem Buch kennen lernte, in die Mr.-Bink-Falle tappen.

Willkommen in den erfahrungsreichsten Jahren meines Lebens!

Ihre

Marijke Amado

1 Die Hotelterrasse

Die amerikanische Schauspielerin Whoopie Goldberg hat seinerzeit in einem wunderbaren Film brilliert, in dem sie als dunkelhäutige Geschäftsfrau in der Finanzwelt der Männer keine Chance hatte, ihr jedoch in der Verkleidung eines weißen, erfolgreichen Geschäftsmannes die Welt zu Füßen lag.

Der Film hieß: „Wer ist Mr. Cutty?", und nach einigen Wirrungen und sehr heiteren Szenen kam der Knalleffekt. Die Täuschung war gelungen, und alle bekamen, was ihnen zustand.

Nun, auch ich musste mir irgendwann die Frage stellen: „Wer oder was ist bloß dieser Mr. Bink?", nur, dass es zur Beantwortung vieler, verdammt langer Lehrjahre bedurfte. Und ich hatte am Ende leider nur die Erfahrung und ein anderer alles, wofür ich hart gearbeitet hatte und was einzig und allein mir zustand.

Ist Mr. BINK vielleicht ein

B lendend aussehender,
I ntelligent plaudernder,
N atürlich auftretender
K avalier der alten Schule?

Mit diesen Worten jedenfalls hätte ich nach den ersten paar Wochen den neuen Mann in meinem Leben jedem beschrieben, der es hören oder auch nicht hören wollte.

Aber von Anfang an:

Endlich war ich, nach anstrengenden Dreharbeiten und einem fast fertigen Umzug in unser neues Heim, mit meinem Sohn auf Urlaub.

In einem der schönsten Hotels Hollands, endlich Zeit nur für meinen Sohn, meinen Hund Toy und mich. Wir drei genossen die wunderbar unbeschwerten, ruhigen Tage in der Sonne, unternahmen alles gemeinsam und freuten uns jeden Abend auf den kommenden Morgen.

Hier, an diesem Ort und in diesem Hotel, war ich endlich nur Marijke, die glückliche Mutter. Nicht die bekannte Fernsehmoderatorin, über die soeben die Presse herzog, nein, hier war ich nur Mutter eines entzückenden Kindes und Frauchen eines lebhaften Golden Retrievers. Herrlich.

Mein Nickerchen im strahlenden Sonnenschein auf der Hotelterrasse wurde durch das laute Knallen eines Sektkorkens und Gelächter unterbrochen und gestört.

Die zwei Herren im besten Alter, die einander fröhlich zuprosteten, bemerkten offensichtlich erst jetzt, dass sie meinen Schlaf gestört hatten, und baten mich, als nett gemeinte Entschuldigung, sich doch an ihren Tisch zu setzen, um auf den Geburtstag des einen der beiden mit anzustoßen.

Ich zögerte.
Ja, warum eigentlich nicht?

Es war zwar erst kurz vor Mittag, aber ich hatte schließlich Urlaub, mein Sohn spielte ausgelassen am Strand mit dem Hund, und die beiden Männer schienen nett zu sein. Ich hatte nichts vor, keine Termine, keine Hetzerei von einem Ort zum anderen. Also leistete ich der Einladung Folge und tauschte meinen Sonnenliegeplatz gegen einen Stuhl am Tisch der beiden Herren.

Wir stellten einander mit den Vornamen vor, und fortan plauderten wir angeregt über dies und das, eigentlich fast banale, dann wieder anregende Begebenheiten. Ich hatte dabei Gelegenheit, sowohl den einen der Herren als auch den anderen ausgiebig zu beobachten. Ja, mein erster Eindruck bestätigte sich im Laufe der folgenden Stunden. Die beiden waren nett. Jeder auf seine Art charmant, und der eine war es sogar noch ein bisschen mehr als der andere. Und so unbekümmert es begann, nahm nun das Schicksal seinen Lauf.

Es wurde eine zweite Sektflasche entkorkt, und diesmal riss der Knall niemanden aus dem Schlaf, höchstens mich ein wenig aus meinen Betrachtungen.

Ja, der eine Mann, der gefiel mir.

Er war groß, gutaussehend, höflich, zuvorkommend, charmant, ein brillanter Erzähler, anscheinend Kenner der Welt und der Frauen, ein Mann wie für mich geschnitzt. Ich merkte natürlich sofort, dass auch ich ihm nicht gleichgültig war, und trotzdem hatte ich leider sofort die übliche Angst, ach, der kennt mich vom Fernsehen und will mal wissen, wie das so mit mir laufen könnte. (Diesem Gefühl hätte ich folgen sollen, ich hätte meiner Bauchstimme Gehör schenken sollen, statt meinen Hormonen freien Spielraum zu lassen.)

Und leider erst viele Jahre später fielen mir die Worte meiner heißgeliebten Großmutter ein, die immer sagte; „Mein Kind, der erste Eindruck eines Mannes ist später meist der Scheidungsgrund. Wenn Dich sein Charme bezaubert hat, dann denk daran, dass er den vielleicht mal auch bei anderen Frauen einsetzt."

Ja, aus heutiger Sicht war es genau dieser Satz meiner Großmutter, der den Nagel auf den berühmten Kopf traf.

Der andere Mann, sein holländischer Freund, fand ganz plötzlich Gefallen daran, zu meinem Sohn und meinem Hund an den Strand zu gehen, um Stöckchen zu werfen. So blieben der Charmeur und ich alleine auf der Terrasse zurück. Verdammt, wieso begann mein Herz wie verrückt zu klopfen?

Wir plauderten immer angeregter, immer intensiver.

Hörte ich eigentlich richtig zu, oder lauschte ich nur dem Klang seiner Stimme? Zu viele verrückte Gedanken gingen zeitgleich in meinem Kopf umher.

Irgendwie kam das Gespräch auf unsere Berufe, und da bemerkte ich, dass er mich offenbar gar nicht kannte.

Himmel, so was gibt es auch noch? Hat bestimmt keine Kinder, schoss es mir sofort durch den Kopf.

Und da meine Fernsehsendung nur in Deutschland ausgestrahlt wurde, war es auf der anderen Seite wiederum nicht so verwunderlich, wenn man mich eben in Holland nicht sofort erkannte.

Ich hätte mit Kindern zu tun, antwortete ich deshalb nur.

Diese Notlüge benutzte ich, weil ich in der Vergangenheit einige enttäuschende Erfahrungen erlitten hatte. Deswegen nahm ich mir vor, erst mal auszutesten, wie die Sache denn so weiterlaufe. Dann könnte ich ja immer noch die volle Wahrheit sagen. Ich wollte nur der Presse und meinen Arbeitgebern nicht neuerlich Stoff für eine Story liefern, deren Ausgang ich zu diesem Zeitpunkt in keiner Weise vorhersehen oder einschätzen konnte.

Zu kurz erst war es her, dass die Presse über mich hergefallen war, nachdem das Kindermädchen meines Sohnes gemeint hatte, ihr ohnehin recht üppiges Gehalt durch Geschichten über mich und mein Privatleben aufbessern zu müssen, indem sie diese an Zeitungen lieferte. Widerliche Lügen und Verdrehungen begleiteten mich wochenlang, und nur durch den damals noch interessanteren Lebenswandel von Lady Diana kamen meine Zeitungsberichte Gott sei Dank schön langsam ins Vergessen.

Ein klein wenig hatte mein Urlaub mit meinem Sohn deswegen auch etwas von einer Flucht.

Nur weg, hatte ich gedacht.

Weg, an einem Ort sein, wo niemand eine deutsche Zeitung liest. Gesagt und nahe gelegt hatte es mir mein Management. Es sei nun mal besser, eine Zeit lang aus der Schusslinie zu sein. Und ich möge nur bloß ja kein neues „Material" liefern.

Deshalb meine Notlüge.
Deshalb mein Abwarten.

Denn, die beiden netten Herren hätten ja auch Reporter sein können!

Mal antesten, wie schnell die Amado auf Männergeplänkel anspringt.

Mal schauen, was an den Geschichten über ihr Privatleben so alles dran war.

Mal probieren, was so alles mit der passieren kann.

Der eine Mann, dieser seit über 30 Jahren in Holland lebende Deutsche, der seit Stunden mein Herz und meine Gefühle in Turbulenzen brachte, fragte mich sehr höflich und charmant, ob er mich für den Abend zum Dinner in das Hotelrestaurant einladen dürfe.

Tja, warum denn eigentlich nicht? Ich war mir sicher, dass ich bei dieser Gelegenheit durch geschickt gestellte Fragen schnell herausbekommen würde, ob der Herr an mir oder an einer Story interessiert sei.

Er war an mir interessiert, aber anders, als ich damals ahnen konnte.

Aus heutiger Sicht gesehen wäre es verdammt nochmal tausendmal besser für mich und meine Finanzen gewesen, wäre der nette Herr auf dieser Terrasse der schlimmste aller Sensationsreporter gewesen!

Aber hinterher ist man immer schlauer, und deshalb saß ich am Abend desselben Tages mit dem Charmeur im Hotelrestaurant an einem Tisch, wo wir unsere nur kurz unterbrochenen Gespräche fortsetzten.

Und weiterhin war ich wie verzaubert, spürte das Kribbeln der Verliebtheit als lang entbehrtes Gefühl in mir hochsteigen.

Nur einer störte die romantische Stimmung. Mein Sohn!

Nicht, dass er das getan hätte, was Kinder sonst vielleicht tun, wenn sie sich besonders gut benehmen sollen. Herumzappeln, dazwischenreden, mit dem Stuhl kippen. So etwas tat mein Sohn dank guter Erziehung nie.

Nein, mein Sohn hatte etwas anderes entdeckt, um sich danebenzubenehmen. Er beschoss sein Gegenüber, meinen potenziellen Traummann, von seinem Teller aus mit Erbsen. Alle meine mahnenden Blicke nützten nichts, klatsch, prallte wieder eine auf das schöne Hemd.

Das hatte Kay vorher noch nie gemacht, aber ich zog nicht die richtigen Schlüsse daraus. Kinder, so sagt man, haben das natürliche Gespür für den Charakter anderer Menschen noch nicht verloren und – sie sind gnadenlos ehrlich. Mein Sohn lehnte den neuen Mann in meinem Leben ab, aber ich hörte nicht auf diese Alarmglocke.

Ich weiß nicht, was hätte passieren müssen, um mich damals aus meinem Traum zu reißen. Vielleicht hätte mein Hund den Mann ins Bein beißen müssen, denn von Hunden behauptet man ja auch, dass sie Menschen ablehnen, die ihrem Rudel Böses wollen.

Aber Toy hatte zu viel Stöckchen gespielt, sie lag unter dem Tisch und schlief.

Und so ging ich Mr. Bink ins Netz.

2 Was eigentlich ist ein Traummann?

Das Bild des Traummannes kann und wird, ich habe es selber erlebt, im Leben einer Frau mehrere Male wechseln.

Sehr früh findet ein kleines Mädchen ihr männliches Wunschbild in der Figur des Vaters. So lieb wie mein Vater, so soll mein Ehemann auch mal sein. Oder: Wenn ich mal groß bin, heirate ich meinen Papa!

Der Vater ist schließlich der erste wichtige Mann im Leben eines Mädchens, und auch bei mir war es nicht anders. Mein Ehemann sollte auch einmal so liebevoll zu mir sein wie mein Vater zu meiner Mutter. So fürsorglich zu seiner Familie, so verständig für alle Wehwehchen und Streitereien seiner Kinder.

Irgendwann hat das kleine Mädchen dann vielleicht, beeinflusst von Grimms Märchen, den Wunsch, von einem Prinzen auf dessen Schloss geführt zu werden. Aber leider sind die Prinzen heutzutage dünn gesät, und so gelingt das nur ganz wenigen. Und wenn es doch mal passiert, endet es nicht immer märchenhaft, wie wir dann den einschlägigen bunten Blättern entnehmen dürfen.

Heranwachsend findet ein junges Mädchen ihren Traummann dann möglicherweise in einer TV-Serie, wie den smarten Bobby aus Dallas oder den feschen Jeff aus dem Denver Clan, wie

Richard Gere oder George Clooney, oder auch Robbie Williams und Brad Pitt.

Bei mir waren es damals, mit 16, die Beatles, für die ich nicht nur in musikalischer Hinsicht schwärmte. Ich fand sie alle vier toll, aber besonders Paul McCartney hatte es mir angetan. Als die Beatles damals ihr Konzert in Amsterdam gaben, sprang ich sogar zusammen mit zwei anderen Mädchen in eine Gracht, nur um Paul McCartney noch besser sehen zu können. Das holländische Fernsehen brachte hinterher einen Bericht darüber, und so könnte man sagen, mit McCartney begann meine TV-Karriere. Aber er selber war halt für mich unerreichbar. (Jetzt, wo der gute Mann auch vom Schicksal und seiner Lady durchgebeutelt wurde, sollte ich ihn vielleicht doch mal anrufen, zwecks Erfahrungsaustausch.)

Jedenfalls dachte ich mir irgendwann, so wie wahrscheinlich jedes junge Mädchen: Wenn schon Bobby Ewing oder Paul McCartney nicht mein Traummann werden können, dann soll er denen zumindest so ähnlich wie möglich sein.

Und doch habe ich wohl irgendwann auf der Suche nach meinem Traummann zunächst einen falschen Weg eingeschlagen.

Denn im Laufe meiner Zeit beim Fernsehen lernte ich eine Menge Männer kennen. Von denen wusste ich aber meistens schon nach ganz kurzer Zeit, dass sie vielleicht eine Sendung zum Erfolg führen können, aber beim Glücklichmachen einer Frau in einer Beziehung kläglich versagen.

Am häufigsten traf man beim Sender auf den selbstverliebten und leicht exaltierten Typ, komplett in Schwarz gekleidet, Dreitagebartträger, und ständig bemüht, seiner Umgebung den Eindruck zu vermitteln: „Ich bin ein Künstler, ich bin ein Star!"

Oder: „Ich bin der einflussreiche Herrscher über kleine, unwissende Wesen, die alle von meinen Launen und meinem Einfluss abhängig sind, denn ich bin der Macher!"

Also nichts für mich.

Denn beim näheren Betrachten hielt die Wirklichkeit dem Erscheinungsbild nicht stand. Wie es so schön heißt, der vorgebliche Künstler hatte oftmals gar keinen Pinsel!

Und alles, was hoffnungsvoll begann und eine neue Beziehung zu werden versprach, war meist nach kurzer Zeit wieder zu Ende. Immer passte irgendetwas nicht. Ich hatte eben meine Ansprüche, und die waren nicht so einfach zu erfüllen.

Und deshalb war ich zu diesem Zeitpunkt so fürchterlich anfällig für jenes männliche Wesen, das da an diesem sonnigen Montagmittag in einem der besten und teuersten Hotels Hollands auf der Terrasse saß und angeregt mit mir plauderte. Zu meiner Entschuldigung will ich noch anmerken, dass ich ehrlich nicht darauf vorbereitet war, einem solchen Mann zu begegnen.

Nichts, aber auch rein gar nichts erinnerte bei ihm an die Männer meines beruflichen Umfeldes.

Nach über acht Jahren ohne feste Partnerschaft haute mich allein schon sein äußeres Erscheinungsbild um. Er war nicht nur ein gutaussehender Mann, er war auch so farbenfroh, so fröhlich gekleidet, dass es Spaß machte, ihn mal näher zu betrachten.

Ich kannte niemanden, dem eine knallrote Hose, ein buntes Hemd und ein rosafarbiger Pulli jemals gepasst hätten, doch dieser Mann sah einfach hinreißend darin aus. Fand ich jedenfalls damals.

Mein Blick, den ich ganz langsam über seine Schuhe gleiten ließ, erkannte sofort, dass diese weichen Todds, ohne Strümpfe getragen, einfach eine perfekte Ergänzung seines gesamten Outfits waren.

Denn auch hier waren meine Mutter und meine Großmutter wegweisend für mein Leben. Sie belehrten mich, dass ich bei einem Jungen oder eben später bei einem Mann immer als Erstes auf sein Schuhwerk blicken solle. Dass man einen Mann und seine charakterlichen Eigenschaften oftmals auf den ersten Blick an seinen Schuhen und an seinem Auto erkennen könne. Was ich hier an Schuhen sah, erreichte bei mir die höchste Punktezahl.

Sein Auto sah ich natürlich erst einmal nicht.

Tja, und so kam es, dass mich dieser Mann schon rein äußerlich interessierte.

Und dann das Gespräch mit ihm! Ich hatte das Gefühl, dass wir auf einer Wellenlänge funkten, alles, was er sagte, interessierte mich, beeindruckte mich. Ich hätte ihm endlos zuhören können.

Und er hörte mir zu, verstand mich, ging auf alles ein, hatte zu allem etwas beizutragen! Oh, wie ich das vermisst hatte!

Er strahlte dieses Selbstbewusstsein aus, das ein Mann haben sollte, und er vermittelte mir das Gefühl, dass ich mich bei ihm geborgen und beschützt fühlen durfte.

Und so sah ich zu diesem Zeitpunkt in ihm den Traummann für mich. Obwohl er nicht zu einem Prozent mit meinem Vater vergleichbar war, und ja, auch Richard Gere und George Clooney konnte er leider nicht das Wasser reichen.

Paul McCartney schon gar nicht.

Aber ich glaubte fest daran, meinen Traummann gefunden zu haben. Ich ahnte nicht, dass er mir von sich nur das zeigte, was ich mir sehnlichst wünschte. Dass ich nur das von ihm zu hören bekam, was ich hören sollte. Alles andere hielt er verborgen.

Ich tat alles, um meinen Traummann an mich zu binden, um ihn zu halten. Ich verbog mich.

Mein schwerster Fehler aus heutiger Sicht: Ich begrub meinen Plan, noch einmal Mutter zu werden, obwohl dies biologisch (noch) kein Problem gewesen wäre. Denn gleich zu Beginn unserer Beziehung teilte mir mein Traummann unumstößlich mit, dass das Kapitel „Nachwuchs" auf immer und ewig für ihn abgeschlossen sei. Er wolle die Frau, die er liebt, nicht mit einem Pampers-Baby teilen.

Heiraten wollte er auch nicht.

Und so ließ ich flugs meine Träume und meine Pläne fallen und konstruierte mir einen neuen Traum: bloß keine Kinder mehr, ungebunden, keine neuerliche Ehe, nur noch das Leben genießen, mit diesem Mann und keinem anderen.

Ich ordnete mich seiner Lebensplanung unter, und schon, ohne dass ich es wusste, war ich das erste Mal gefangen. Und ließ mich immer weiter einwickeln, bis zum bitteren Ende.

Heute, nach allen Erfahrungen mit Mr. Bink, hat sich das Bild meines Traummannes noch einmal völlig geändert.

Erst kürzlich hörte ich bei der Abendveranstaltung nach einem Golfturnier von Frau X und Frau Y den ernst gemeinten Rat, dass ich mir doch, unbedingt und unerlässlich, nur einen Mann mit Geld anschaffen solle, sonst hätte ich doch keine Sicherheit und keinerlei Absicherung im Alter. Geld sei das einzig Wichtige bei einem Mann.

Bei solchem Blödsinn bekomme ich Gänsehaut. Und denke mir, ich kann mich gleich wieder ans Schreiben machen, diesmal über Mrs. Bink.

Nein, tut mir Leid, habe ich geantwortet. Geld ist nicht alles. War es noch nie.

Denn erstens: Ich verdiente schon immer mein eigenes Geld, wahrscheinlich im Gegensatz zu Frau X und Frau Y, war immer berufstätig gewesen und hatte immer die alleinige Verantwortung für mich und meinen Sohn getragen.

Und zweitens: Wo bleibt denn da die Liebe?

Ich möchte mein künftiges Leben nur mit einem Mann teilen, an dessen Seite ich lachen kann, auf den ich mich verlassen kann, mit dem ich wirklich und ehrlich Freud und Leid teilen kann. Bei dem ich mich nicht verbiegen muss, um ihm zu gefallen. Den ich liebe und von dem ich genauso wiedergeliebt werde. Und zwar so, wie ich bin.

Und wenn ich so nachdenke, braucht er überhaupt niemandem ähnlich zu sein, den ich irgendwann in meinem Leben einmal schwärmerisch verehrt habe.

Er muss für mich einfach ein wunderbarer Mann sein, sonst bleibe ich lieber alleine.

3 Was ist ein Mr. Bink?

Bevor ich meine leidvollen und kostspieligen Erfahrungen eingehender schildere und vor allem weitergebe, woran frau einen Mr. Bink möglichst frühzeitig erkennen kann, muss ich wohl zunächst einmal beschreiben, was ein Mr. Bink überhaupt ist.

Wie ich bereits eingangs sagte, war mir die Existenz des Mr. Bink während der ganzen Zeit, die ich selber mit einem solchen Exemplar zusammenlebte, vollkommen unbekannt. Ich lernte zwar nach und nach seine Tricks kennen, ahnte aber nicht, dass ihm die Fachwelt in den Niederlanden bereits den festen Begriff „Bink" verliehen hatte.

Die Bezeichnung „Bink" für diese in seinem Verhalten für uns Frauen besonders gefährliche Spezies Mann habe ich das allererste Mal von einem Psychologen namens Maurice gehört, als ich nach der Trennung professionelle Hilfe benötigte.

Maurice hörte mir aufmerksam zu und meinte nach kurzem Überlegen, dass ich geradewegs auf einen typischen Bink hereingefallen sei.

Ich weiß nicht, ob es tröstlich ist, in einer Situation wie der meinen zu erfahren, dass man nicht die einzige Frau ist, deren Leben durch einen Bink völlig aus den Fugen geriet.

Aber wenigstens erkannte ich, dass ich nicht wegen eigener Dummheit, sondern wegen seiner Gerissenheit auf einen Bink hereingefallen war, in dessen Namen jeder Buchstabe für eine seiner Hauptverhaltensweisen gegenüber Frauen steht.

Das **B** steht dabei für das holländische „belachelijk maken", zu Deutsch „lächerlich oder bescheuert machen". Ein Bink fühlt sich allen anderen Menschen an Intelligenz überlegen, erklärt sie für bescheuert und macht sie dadurch vor anderen lächerlich. Bevorzugt bedenkt er sein auserwähltes Opfer in größerer Runde mit diesem Prädikat. Wie oft habe ich mir vor meinen Freunden und Bekannten anhören müssen: „So blöd kannst auch nur Du sein!"

Das **I** steht für „intimideren", im Deutschen „intimidieren", was so viel bedeutet wie „jemanden anderen einschüchtern", um die eigenen Ziele zu erreichen oder besser durchzusetzen. Beispiele meines Mr. Bink waren: „Du bist bald pleite!" Oder „Ich werde Dich verlassen!"

Der dritte Buchstabe, das **N**, steht für „negeren" („negieren"). Jeder Bink ist ab einer bestimmten Phase seines Wirkens ein Weltmeister in offener Gleichgültigkeit seinem Opfer gegenüber, im Leugnen einer Krise der Beziehung und im Zurückweisen von Vorwürfen. Gegen ihn ist ein Betonklotz Pudding. Typische Äußerungen sind: „Das siehst Du ganz falsch!" und „Du bist hysterisch!"

Das **K** schließlich steht für „klein maken", was auch ohne Übersetzung verständlich sein dürfte. Mr. Bink kann alles und zieht deswegen alles an sich. Sein Opfer hingegen trifft nur falsche Entscheidungen und wird, jedenfalls nach der auch in größerer Gesellschaft geäußerten Ansicht von Mr. Bink, irgendwann in der Gosse oder in der geschlossenen Abteilung einer psychiatrischen Klinik landen. Das Opfer hört Sätze wie: „Lass' mich das lieber machen!", „Du kannst gar nichts, nicht einmal kochen!" „Du bist nichts wert!", oder „So wie Du das machen willst, wird es eine Katastrophe!"

Alle vier Strategien dienen einem gemeinsamen Zweck: dem fortwährenden Zermürben und dem schlussendlichen Eliminieren, das heißt, der völligen Vernichtung des Opfers, psychisch, seelisch, gesellschaftlich und finanziell.

Wenn Sie sich jetzt fragen, warum er eigentlich so verfährt, lautet die knappste Antwort darauf: Er erhöht sich selbst, indem er die Frau erniedrigt. Und er lebt davon, und das nicht einmal schlecht.

Ganz so einfach ist es natürlich nicht, und ich will im Folgenden versuchen, Mr. Bink und seine Verhaltensweisen näher zu erläutern.

Zunächst ist Mr. Bink, wie es die Abkürzung vor seinem Familiennamen bereits zeigt, stets männlichen Geschlechts. Ob er bereits als kleiner Mr. Bink auf die Welt kommt und seine späteren Verhaltensweisen gegenüber dem weiblichen Geschlecht schon wie eine genetische Absonderlichkeit in sich trägt, ob er sie mit der Muttermilch einsaugt oder ob er erst später durch Erziehung oder bestimmte Lebensumstände zu Mr. Bink wird, interessiert hier nicht weiter.

Aber irgendwann scheint etwas zu geschehen, das aus einem mehr oder weniger normalen Jungen einen Bink werden lässt, und es kommt der Moment, in dem dieser zum ersten Mal in das Licht der Öffentlichkeit tritt. Das heißt, nein, in das Licht der Öffentlichkeit tritt er eigentlich nicht, zumindest nicht als Mr. Bink, als solcher scheut er dieses eher in der Befürchtung, dass seine wahren Absichten durchschaut werden. Er benötigt nur wenige Spots an verschiedenen Schauplätzen für seine bühnenreifen Auftritte als derjenige, der zu sein er vorgibt.

Jedenfalls aber tritt Mr. Bink im richtigen Moment und in passender Maskierung in das Leben der Frau, die geeignet ist, sein nächstes Opfer zu werden.

Ohne eine Frau, die ebenso geeignet wie willig ist, die Rolle des Opfers von Mr. Bink zu übernehmen, gibt es keinen Mr. Bink. Er zieht sich zurück und ist für sich allein allenfalls ein Angeber und Blender.

Erst mit der richtigen Frau an seiner Seite wird Mr. Bink zu Mr. Bink. Er kann nur dann auf Mr. Bink machen, wenn er eine Frau findet, die es mit sich machen lässt.

Ein solches Opfer sucht und findet Mr. Bink gerne unter den alleinstehenden und mit ausreichendem Vermögen ausgestatteten Damen der Gesellschaft.

Binks gibt es, seit es Frauen gibt.

Früher, als die Rollenverteilung zwischen den Geschlechtern noch ausschließlich dem Mann die Aufgabe des Geldverdienens zuwies, bildeten gutsituierte Witwen und reiche Erbinnen die Zielgruppe des Bink. Leider waren diese Damen nicht unbedingt breit gestreut, und Mr. Bink musste erst einmal in diese so genannten besseren Kreise hineinkommen, was sicher nicht immer einfach war. Deswegen waren viele Männer, die sonst vielleicht Mr. Bink geworden wären, gezwungen, sich ihren Lebensunterhalt mit ehrlicher Arbeit zu verdienen.

Heute, nicht zuletzt durch die Segnungen der Emanzipation, hat sich das Beutespektrum des Mr. Bink erheblich erweitert.

Nicht nur, dass Frauen zunehmend durch geschicktes Heiraten und einen noch geschickteren Scheidungsanwalt zu Vermögen kommen, Mr. Bink hat in unserer modernen Gesellschaft freie Auswahl unter den Vertreterinnen aus der Gruppe der hart arbeitenden, beruflich erfolgreichen und gut verdienenden Single-Frauen.

Und so kann es auch die alleinstehende Friseurmeisterin mit eigenem Geschäft sein, die ins Visier eines Mr. Bink gerät. Oder die Inhaberin einer Modeboutique. Oder eine Chefsekretärin.

Oder die Frau, die sich bei mir meldete, die jahrelang in ihrem Büdchen Pommes und Frikadellen verkaufte, eisern sparte und dann, nachdem sie ihren Mr. Bink kennen gelernt und in ihr Leben gelassen hatte, am Ende ohne einen Cent dastand.

Oder ich.

Alle sind sie willkommene Opfer für einen Mr. Bink, denn sie sind allein, und sie haben Geld.

Das Alleinsein ist der Ansatzpunkt für einen Mr. Bink. Er gibt einer Frau das trügerische Gefühl, nicht mehr allein zu sein, jemanden an der Seite zu haben, der sich um sie kümmert, um all ihre Angelegenheiten - insbesondere um ihre Finanzen.

Mr. Bink lernt alleinstehende Frauen kennen, indem er als schier unermüdlicher Aufreißer unterwegs ist. Sein Kalkül dabei ist: Je mehr Versuche, desto eher ergibt sich mal ein Treffer.

Mr. Bink ist jedoch nicht Casanova.

Casanova liebte die Frauen, sein Werben diente der Verführung, und auch die von ihm verführten Damen kamen dabei nicht schlecht weg.

Wenn Mr. Bink bei einer Frau den Charmebolzen macht, ist sein Werben nur gespielt und ausschließlich Mittel zum Zweck. Mr. Bink will in Wahrheit beherrschen und unterordnen.

Seine Beute sind nicht die Frauen selbst oder ihre Hingabe, das ist für ihn nur eine angenehme Nebensächlichkeit.

Seine Ziele sind das Niedermachen, das Eliminieren und schließlich das Geld seiner Opfer. Er führt eine Beziehung, soweit man bei ihm überhaupt von einer Beziehung sprechen kann, nach rein geschäftlichen Aspekten, ohne dass sein Opfer dies ahnt.

Das Leben auf Kosten anderer ist die Philosophie, auf die er seine Existenz gründet und aufbaut. Jede seiner Handlungen ist geplant, durchdacht und zielgenau darauf ausgerichtet, wenn nicht auf kurze Sicht, so aber doch langfristig am Ende ausschließlich ihm selbst Nutzen zu bringen.

Jeder weiß, dass man im Geschäftsleben aufpassen muss, um nicht von einem anderen übervorteilt oder über den Tisch gezogen zu werden.

Im privaten Bereich, zumal wenn es sich um die Beziehung zwischen Mann und Frau handelt, lässt man diese Vorsicht natürlich beiseite. Schließlich sollen doch Liebe und Vertrauen die wesentlichen Eckpfeiler des Zusammenseins bilden.

Und genau diese romantische Vorstellung nutzt der Bink schamlos aus.

Ist er sich seiner Sache sicher, beginnt er, sein Opfer mürbe zu machen, indem er nach seiner üblichen Vorgehensweise verfährt. In gleichem Maße, wie Mr. Bink seine Opfer demütigt und erniedrigt, füttert er damit sein eigenes Ego.

Er beeinflusst. (Du solltest mehr auf mich hören; Du solltest das anders machen; Du solltest Dich nicht mit diesen Leuten abgeben, die sind nicht gut für Dich.) Letzteres bekommt das Opfer zu hören, wenn Menschen auftauchen, die auf die Masche des Mr. Bink nicht hereinfallen, die ihn durchschauen könnten und somit eine Gefahr darstellen. Daher müssen solche Menschen ferngehalten oder, noch besser, ganz aus dem Lebenskreis des Opfers entfernt werden.

Er beherrscht. (Durch das Vertrauen, das frau ihm schenkt, hat ein Mr. Bink ein leichtes Spiel.)

Er erniedrigt. (Also, ich kenne niemanden sonst, der so bescheuert ist wie Du; Ach, nur Du kannst so dumm sein; Das hast Du wieder nicht geschafft; usw., usw.)

Er bestraft. (Wenn sich ein Mr. Bink vom Opfer durchschaut und überführt fühlt, schlägt er erbarmungslos um sich. Oftmals nicht nur verbal. Denn solange das Opfer noch von Nutzen für ihn ist, wird er alles tun, um seine Machtposition wieder zu festigen.)

Ist das Opfer dann endlich eliminiert, kann es nicht mehr klar denken, es wird schwach, will nur mehr seine Ruhe haben, ist fix und fertig. Es hat keine Kraft mehr zum Hinterfragen, es denkt nicht mehr darüber nach, was es eigentlich unterschreibt. Und so verschafft sich Mr. Bink die Mittel für seinen aufwändigen Lebensstil.

Wenn es nichts mehr zu holen gibt, ist auch Mr. Bink verschwunden. Er lässt eine Frau zurück, die neben ihrem Geld auch ihre Unabhängigkeit, ihre Eigenständigkeit und ihr Selbstbewusstsein losgeworden ist

Jedes Wesen erfüllt mit seinem Dasein irgendeinen Zweck.

Mr. Bink ist ausschließlich zu seinem eigenen Vorteil auf der Welt.

Er lebt, um Beute zu machen.

Und er macht Beute, um zu leben.

Und so wandelt ein Mr. Bink sich im Laufe der Zeit vom:

B lendend aussehenden
I ntelligent plaudernden,
N atürlich auftretenden
K avalier der alten Schule

hin zum:

B löden,
I ntriganten,
N ichtsnutzigen
K otzbrocken.

4 Wie erkennt man einen Mr. Bink?

Ich gebe zu, am Anfang ist es schwierig, Mr. Bink und seine wahren Absichten zu durchschauen. Hormonell bedingt ist der Blick der Frau, die sich in einen Mr. Bink verguckt hat, getrübt.

Wie es so schön heißt: Liebe macht nicht immer blind, nein, manchmal sieht man mehr, als wirklich da ist.

Denn zunächst einmal ist Mr. Bink immer ein glänzender Schauspieler – für den von ihm angestrebten Erfolg ist das von immenser Wichtigkeit.

Sie werden nicht merken, was er in Wahrheit vorhat, denn Mr. Bink ist ein Meister im Verstellen, und ein Drehbuch ist für ihn überflüssig. Er hat lediglich seine Ziele im Auge und entwickelt seine Rolle spontan je nach den momentanen Umständen. Auch ungeplante und für ihn überraschende Wendungen im Dialog mit seinen Opfern oder deren Freundinnen meistert er, umschifft jede Klippe, weist Vorwürfe zurück oder gibt ihnen eine andere Richtung, weicht unangenehmen Fragen aus oder verkehrt sie ins Gegenteil.

Er schafft es immer, zum Schluss bestens dazustehen, auch wenn er selber der Einzige ist, der seiner künstlerischen Darstellung schließlich den Applaus spendet.

Denn selbstverständlich hat niemand gemerkt, dass alles nur geschauspielert war.

In ihren Grundzügen ist die Rolle, in die Mr. Bink schlüpft, immer dieselbe, sie erfährt bloß, je nachdem, welches seiner Opfer Mr. Bink gerade vor sich hat, eine entsprechende Feinabstimmung.

Die schauspielerischen Aktivitäten des Mr. Bink gelten natürlich zunächst demjenigen weiblichen Wesen, dem er die zentrale Rolle seines Opfers zugedacht hat. Dessen Freundes- und Bekanntenkreis lässt Mr. Bink aber schon zum eigenen Schutz nicht unbeachtet. Denn seine durchaus Oscar-verdächtigen Auftritte dienen daneben auch noch der Manipulation seiner Umgebung.

Es verhält sich nicht jeder Mensch immer gleich. Aber achten Sie bitte auf Folgendes: Wenn sich Ihr neuer Schwarm verschieden benimmt, je nachdem, ob er mit Ihnen allein ist oder ob andere dabei sind, ist es möglich, dass Sie einen Bink vor sich haben.

Mr. Bink achtet immer sehr darauf, alles in seiner Umgebung unter Kontrolle zu haben. Das schafft er dadurch, dass er möglichst die Gesprächsthemen bestimmt. Ihm fällt immer etwas ein, von dem er reden kann, ohne etwas wirklich Sinnvolles zu sagen.

Die meisten Menschen lassen sich leider davon beeindrucken. Es funktioniert aber nicht immer. Bei manchen beißt Mr. Bink auf Granit, weil sie sich nicht beeinflussen lassen. Sie durchschauen ihn, erkennen das, was er sagt, als leeres Gerede, als Angeberei, was die Pläne des Mr. Bink gefährdet.

Sobald jemand seinen Manipulationsversuchen widersteht oder ihn sogar demnächst als Mogelpackung zu entlarven droht, wird der- oder diejenige sofort aus der nächsten Umgebung seines auserkorenen Opfers entfernt.

Das geschieht auch wieder durch entsprechende Manipulation seines eigentlichen Opfers. Beliebt und gleichzeitig wirkungsvoll sind dabei: Schatz, Frau X hat heute ganz gemein über Dich hergezogen, als Du in der Küche warst! Oder: Schatz, Frau Y hat mir heute Avancen gemacht!

Natürlich werden Frau X und Frau Y nie mehr eingeladen. Und wir gehen da auf keinen Fall mehr hin.

Sollten Sie also feststellen, dass Ihr Liebster Ihnen nach und nach Ihre liebgewonnenen Freunde miesmacht, lassen Sie sich das bloß nicht gefallen. Überlegen Sie, wer Ihnen wichtiger ist.

Immer stellt sich Mr. Bink, zumindest für das anvisierte Opfer, aber auch für dessen Umgebung, als ein vollendeter Frauenversteher dar.

Kein weibliches Problem, sei es noch so intim, ist ihm fremd, er hat immer ein offenes Ohr, schenkt uneingeschränkte Aufmerksamkeit, zeigt Verständnis, kitzelt die letzten Informationen heraus, tröstet, geht auf alles ein, schmeichelt, stimmt zu und hat bereits eine Antwort gefunden, wenn frau die Frage noch nicht ganz zu Ende formuliert hat. Er gibt ihr das Gefühl, ihr Problem zu seinem eigenen zu machen.

Das macht ihn sympathisch – auf den ersten Blick.

Sein Ziel ist allerdings nicht, zu helfen, sondern zu vereinnahmen. Denn indem er das Problem an sich zieht und wie sein eigenes behandelt, teilweise sogar anbietet, für dessen Lösung zu sorgen, macht er sich unentbehrlich, was zu seinem Plan gehört.

Und ist dabei noch ein toller Hecht.

Mein Gott, denkt das ahnungslose Opfer, der erste Mann, der mich wirklich versteht!

Falsch! Ein Mann, der Ihnen am Anfang nur nach dem Mund redet, ist entweder ein totales Weichei – oder ein Mr. Bink. Lassen Sie die Finger von beiden Typen.

Aber Mr. Bink spielt nicht nur den Frauenversteher.

Eigentlich versteht er von allem etwas. Seien es der Nahostkrieg, Krankheiten, Gemüseanbau, Immobilien, Essen, Trinken, Wein, Segelboote, die politische Lage in Europa, die neueste Mode, Mr. Bink weiß zu allem etwas beizutragen.

Zumindest ist er im Smalltalk so geschickt, dass seine Zuhörer genau dies glauben. Und sollte er einmal zu einem Thema nichts sagen können oder mehr sagen müssen, als er weiß, kann er dies mit ebensolcher Geschicklichkeit überspielen.

Und das ist ohnehin eine seiner herausragenden Fähigkeiten: Mr. Bink ist, wenn es ihm nützt, unglaublich anpassungsfähig, nicht nur, was seine Opfer anbetrifft, sondern auch, was Situationen angeht. Die Anpassungsfähigkeit von Mr. Bink lässt jedes Chamäleon blass aussehen.

Natürlich hat Mr. Bink auch einen Beruf, aber keinen im üblichen Sinne.

Zumindest vermeidet er peinlichst, diesen genau zu benennen oder zu beschreiben. Immerhin ist Mr. Bink auf Nachfrage hin sehr erfolgreich, er „lebt von seinen Geschäften“, hat „eine Agentur“ oder „wichtige Termine“ (oder beides), „geht auf Geschäftsreise“ oder „macht in Immobilien“, was immer das jeweils heißen mag.

Letztlich stimmt aber alles ein wenig, denn Mr. Bink bezieht seinen Lebensunterhalt aus seinem Bink-Dasein.

In jedem Fall erlaubt ihm der Beruf, den er auszuüben vorgibt, seine Zeit frei einzuteilen. Wie anders könnte Mr. Bink sonst als Mr. Bink agieren und seine verschiedenen Beziehungen koordinieren? Männer, die acht oder mehr Stunden täglich im Büro verbringen, abends kaputt heimkehren und am Monatsende ihr Gehalt bekommen, können kein Mr. Bink sein. Und werden von ihm als Versager belächelt.

Mr. Bink erzählt auch wenig von seinem Arbeitstag. Fragen danach weicht er aus. Das liegt nicht etwa nur daran, dass er keinen Arbeitstag hat, nein, je mehr er davon fantasiert, desto mehr müsste er sich merken, wem er was erzählt hat. Was nicht ausschließt, dass Mr. Bink für verschiedene Menschen auch verschiedene berufliche Tätigkeiten angibt. Sein Erfindungsreichtum grenzt da ans Unermessliche.

Aber er lässt interessierte Frager lieber im Ungewissen und ergeht sich lediglich in nebulösen Andeutungen, so in der Art von „Verhandlungen führen" und „Unterschriften leisten".

Schließlich verleiht ihm diese Aura des Geheimnisvollen ja etwas Besonderes und hebt ihn aus der Masse der übrigen Arbeitstiere heraus.

Nennen Sie also jemanden Ihren Schatz, von dem Sie eigentlich nicht so genau wissen, was er beruflich macht, ist verschärfter Bink-Alarm angesagt.

Noch eine Möglichkeit, Mr. Bink frühzeitig zu erkennen: Eigentlich dürfte so ein Mann durch keine normale Türe passen. Denn insgeheim sind Mr. Binks Antennen immer weit ausgefahren und stets auf Empfang gestellt. Man muss sich das nur vorstellen: Mr. Bink muss ständig in der Furcht leben, dass sein Lügengebäude in sich zusammenbricht.

Denn so sehr er auch seine verschiedenen Wirkungskreise (und die waren bei meinem Mr. Bink schließlich in Holland, Belgien, Deutschland und England, ach ja, Mallorca und Südafrika nicht zu vergessen!) voneinander abgrenzt und peinlichst darauf achtet, dass nicht zwei oder mehr seiner Opfer einander über den Weg laufen und dabei feststellen, dass sie offensichtlich einen gemeinsamen Liebhaber haben: Passieren kann es natürlich immer und muss verhindert werden.

Deswegen ist jeder Bink damit beschäftigt, seine Umgebung zu beobachten und zu kontrollieren. Dass trotzdem mal etwas schief geht, ist natürlich nicht ausgeschlossen.

So sah meine Mutter, die sich im Kreise ihrer Bridgepartnerinnen in einer Hotellobby aufhielt, einen Mann zum Aufzug eilen, der meinem Mr. Bink bis aufs Haar glich. Nur die Dame in seiner Begleitung, die passte nicht ins Bild. Meine grundsätzlich arglose Mutter veranlasste dies zu der spaßig gemeinten Bemerkung: „Wenn ich nicht wüsste, dass mein künftiger Schwiegersohn ganz woanders auf Geschäftsreise ist, würde ich sagen, er ist gerade mit einer anderen aufs Zimmer gegangen." Damit war die Sache für sie erledigt, und mein Mr. Bink, der sich ein schnelles Abenteuer zwischendurch gönnte, war, ohne es zu wissen, einer unangenehmen Begegnung entgangen.

Übrigens dient die ständige Aufmerksamkeit, die der Bink seiner Umgebung schenkt, auch noch einem anderen Zweck: der Suche nach neuen Opfern.

Sollten Sie also das Gefühl haben, dass Ihr Freund sich mehr für seine Umgebung als für Sie interessiert: Machen Sie ihn darauf aufmerksam, dass Sie auch noch da sind. Hilft das nichts, entsorgen Sie ihn lieber.

Und zum Abschluss noch einige möglicherweise hilfreiche Hinweise.

Jeder Mann hat ein paar Kumpels, mit denen er zum Fußball geht, eine Motorradtour macht, ein Autorennen besucht oder ganz einfach mal um die Häuser zieht.

Solange das nicht überhand nimmt, lassen Sie ihn ruhig. Verdächtig wird der Neue allerdings, wenn er überhaupt keine Kumpels hat. In der ersten Zeit ist es normal, wenn er sich nur auf Sie konzentriert. Aber irgendwann zieht es ihn mal wieder zu seinen Freunden. Bleibt das aus, haben Sie entweder einen Sonderling ergattert – oder einen Mr. Bink.

Tun Sie sich keinen von beiden an.

Noch etwas: Mein Mr. Bink hatte zwar Familie. Doch in all den Jahren habe ich niemanden davon kennen gelernt. Keine Eltern, keine Geschwister, keine Kinder.

Das mag Vorteile haben, zum Beispiel entfallen die lästigen Pflichtbesuche bei den Schwiegereltern oder sonstigen Anverwandten. Aber es gibt einen entscheidenden Nachteil:

Es gibt auch niemanden, den Sie über den Mann an Ihrer Seite und seine Vergangenheit befragen können. Sie sind auf das angewiesen, was dieser Mann selbst Ihnen über sich erzählt.

Das ist, wie es eine gute Bekannte von mir ausdrückte, oftmals auch ein Fluch der modernen Zeit.

Früher heiratete man den Jungen oder das Mädchen aus der gleichen Stadt, vom selben Dorf, oder höchstens von ein oder zwei Nachbardörfern weiter. So kannte man Generationen zurück das Umfeld, kannte die Familiengeschichte, und man hatte in den seltensten Fällen böse Überraschungen, was den oder die Auserwählte anbetraf.

Heute ist die Welt offen, man reist sehr viel, sowohl beruflich als auch privat, und so kommt es, dass man sich in einen Menschen verliebt, über den man eigentlich gar nichts weiß. Und so vertraut man eben allein seinen Gefühlen.

Und genau das ist es, was Mr. Bink will.

Er mag es nämlich nicht, wenn die Wahrheit über ihn und sein Treiben ans Tageslicht kommt.

5 Keiner hat mich vor einem Mr. Bink gewarnt!

Die Erziehung durch meine Eltern und Großeltern hat mir das Idealbild eines Ehemannes wie folgt eingeprägt:

Ein Ehemann sollte ein Arzt, Anwalt, Lehrer oder Geschäftsmann sein. Ein Mann, der genügend Geld nach Hause bringt, der seine Familie gut ernähren kann, der einen wichtigen Platz in der Gesellschaft innehat.

Als Frau eines solchen Mannes brauchte ich eigentlich nur alle paar Jahre ein Kind zu bekommen, und ich hätte für den Rest meines Lebens ausgesorgt und könnte doch nur noch glücklich zu sein.

Soweit meine Eltern, die natürlich aus einer anderen Generation mit anderen Vorstellungen und Idealen stammen.

Nun ja, nichts davon habe ich für mein späteres Leben übernommen. Im Gegenteil, diese Ratschläge fand ich so altmodisch, dass ich davor schon im Alter von 16 Jahren nach Amsterdam floh. Ich wollte mein Leben selbst in die Hand nehmen, und das tue ich bis heute.

Deswegen kann ich auch eine meiner Fernsehkolleginnen nicht verstehen, die uns Frauen mit einer in Buchform gekleideten Rückrufaktion wieder an den heimischen Herd bringen möchte.

Wenn diese Kollegin ihr eigenes Leben radikal ändert, ihren Beruf hinschmeißt und ihre Tage künftig plätzchenbackend und deckchenhäkelnd verbringen möchte, ist das ihre private Angelegenheit. Dies auch allen anderen Frauen als die allein heilsbringende Wahrheit zu verkünden, heißt, die Emanzipation schrumpfen zu lassen wie einen Wollpullover in der Kochwäsche.

In Amsterdam schloss ich mich, mit gerade mal 17, den „Dolle Minas" an, die damals vehement für die Rechte der Frauen kämpften. Anfang der Siebziger konnte eine verheiratete Frau nicht einmal ein eigenes Konto eröffnen – heute ein unvorstellbarer Zustand. Wir schafften es, das zu ändern, und noch einiges anderes dazu.

Irgendwann heiratete ich dann, bei allem Engagement für die Emanzipation der Frau, meine erste große Liebe.

Mein Ehemann erlitt leider einen sehr schweren Unfall und war fast drei Jahre ausschließlich im Krankenhaus. Nachdem ich ihn in dieser Zeit gepflegt und betreut hatte, eröffnete er mir nach seiner Genesung, dass er seine wiedergewonnene Lebensfreude lieber mit einer anderen Frau teilen wolle. Er und ich seien doch nur mehr wie Bruder und Schwester zueinander.

Dass dies aufgrund seiner Krankheit nun wirklich kein Wunder war und ich gerne sein neues, gesundes Leben mit ihm geteilt hätte, interessierte ihn nicht sonderlich. Er ließ sich von seinem Plan nicht abbringen, und die Scheidung war die unausweichliche Folge.

Mein zweiter Ehemann hinterließ mir, als wir uns scheiden ließen, das Beste, was es in meinem Leben gibt, nämlich meinen wunderbaren Sohn.

Dass ich nach dieser kurzen Ehe von nur wenigen Wochen und eigentlich noch heute ganz alleine für ihn sorge, ist sicher ein

Vorteil für den Jungen, auch wenn es auf den ersten Blick und nach den Vorstellungen meiner Eltern und Großeltern anders hätte sein sollen.

Aber ich war immer die Frau, die beruflich und finanziell unabhängig ist und ihren Sohn alleine aufzieht.

Damit war ich für viele Männer einfach zu stark, zu wenig Püppchen, zu ehrlich.

Aber, wie anders als mit Stärke, Fleiß und Ehrlichkeit hätte ich mein Leben meistern, meinen Sohn großziehen sollen? Ich musste vieles einstecken, in Kauf nehmen, denn am nächsten Ersten mussten die Miete und alle Kosten bezahlt werden, die mein Sohn und ich zum Leben und Überleben brauchten.

Weit und breit war keine Schulter zu sehen, an die ich mich dauerhaft hätte anlehnen können.

Keine starken Arme, die mich gehalten hätten, kein Mann, der mir dann, wenn ich ängstlich und sorgenvoll war, zuflüsterte, ach Schatz, mach Dir keine Sorgen, ich bin ja bei Dir, und alles wird gut.

Nein, mein Leben hielt anderes für mich bereit.

Ich musste Tag und Nacht kämpfen.

Kämpfe austragen, die ich nicht angefangen hatte, Kämpfe durchfechten, deren Ausgang ich nicht beeinflussen konnte, Kämpfe ertragen, die mich, neben vielem anderen, Geld, Kraft und Nerven kosteten.

Ich tat es fürs Überleben, ich habe oft verloren, aber ich habe auch oft gewonnen.

Und schließlich hatte ich es geschafft.

Ich hatte meine eigene Sendung, verdiente gut und konnte mir ein schönes Leben leisten.

Bis mein Mr. Bink auftauchte.

Und eigentlich passte er genau in das Bild, das mir meine Eltern und Großeltern als den Idealmann vermittelt hatten. Er war Geschäftsmann, hatte ein souveränes Auftreten, sah gut aus, hatte vollendete Manieren.

Dabei hätten mich meine Eltern nun wirklich vor dieser Art Mann warnen können!

Er umschmeichelte mich zu perfekt.

Er verwöhnte mich zu perfekt.

Er begehrte mich zu perfekt, auf eine Art, wie ich es bis dahin nicht kannte.

Er war einfach zu perfekt.

Aber vor dem perfekten Mann hatte mich niemand gewarnt. Vielleicht war auch jeder davon ausgegangen, dass es den perfekten Mann genauso wenig gibt wie den Weihnachtsmann.

6 Das Familienwappen

Ich komme aus einer typisch holländischen Familie, wo Ehrlichkeit und Vertrauen ein wichtiger Bestandteil der Erziehung waren.

Wir hatten nichts zu prassen, aber wir hatten ein gutes, schönes Leben.

Wir hatten, ja, jetzt erübrigt sich ein Lachen, natürlich einen Wohnwagen, mit dem meine Eltern mit uns Kindern jedes Jahr nach Italien auf Urlaub fuhren.

Der Wohnwagen war vollbepackt mit Lebensmitteln, und die italienischen Zöllner ließen uns nach Überprüfung des Inhalts schmunzelnd die Grenze passieren, denn meine Mutter hatte in ihrer Sparsamkeit auch die Teigwaren nach Italien mitgenommen. In das Land der Pizza und Pasta nahm meine Mutter die Nudeln mit!

NL, aha, niente Lire, sagte der Zöllner lachend, nach einem Blick auf das Autokennzeichen.

Aber vorher mussten wir durch die Schweiz. Die Schweiz hatte für uns Kinder etwas Geheimnisvolles. Durch die Schweiz fuhren wir immer nur in einem Stück, Anhalten war seitens meines Vaters verboten, Aussteigen sowieso.

Denn die Schweiz war einzig und allein das „Guckland".

Aus dem Autofenster gucken, das war das Einzige, das ich aus meiner Kindheit als Erinnerung von der Schweiz habe, und lange Zeit dachte ich, wir Holländer dürften in der Schweiz gar nicht Halt machen, für uns sei sie nur zum Durchfahren nach Italien da.

Dass die teure Schweiz für eine sparsame holländische Familie niemals Zielpunkt eines Stopps oder Aufenthalts sein könnte, kam mir nie in den Sinn, woher auch? Ich kannte es ja nicht anders.

Und - wir hatten auch kein Familienwappen.

Nicht, dass ich jemals in meiner Jugend darüber nachgedacht hätte oder es jemandem in unserer Familie gefehlt hätte. Oder noch besser, das es jemals jemand gebraucht hätte.

Wappen hatten die Mitglieder unserer Königsfamilie, die anderen, alle möglichen, doch nicht wir.

Wozu auch.

Mein Vater hatte eine Textilfirma, meine Mutter erzog uns Kinder, und unsere Welt war ohne Wappen völlig in Ordnung. Das einzige Wappen, das mich mein Leben lang begleitete, war das Wappen des holländischen Gouda-Käses.

Bis ich meinen Mr. Bink kennen lernte.

Denn der hatte ein Wappen, was üblicherweise Eindruck macht.

Ich war aber zu diesem Zeitpunkt beruflich und charakterlich so gefestigt, dass man mich mit einem Wappen auf dem Briefpapier nun wahrlich nicht mehr beeindrucken konnte.

Mein Mr. Bink war da anderer Ansicht. Der Mensch fängt erst beim Wappenträger an, war seine Devise.

Er hatte sein Wappen überall. Auf dem Briefpapier, auf seinen Visitenkarten, er hatte es an seinen Manschettenknöpfen, er trug zwei verschiedene Ringe mit dem Wappen, und, man staune, wir waren zwar nicht verheiratet, und doch kam er eines Tages an und gab mir einen Ring mit seinem Wappen, damit ich nicht so nackt umherlaufen möge.

Wie gesagt, mir war sein Tick mit dem Wappen eigentlich völlig egal, oder eher noch, ich konnte ihn so gar nicht nachvollziehen.

Ich ließ ihn aber gewähren, ich ließ ihn bei sämtlichen Veranstaltungen, die wir gemeinsam besuchten, seine wappengeschmückten Visitenkarten verteilen wie einen Pokerspieler die Spielkarten.

Offen gestanden war mir sein Getue mit den blöden Karten oftmals schlicht und ergreifend peinlich.

Ich hatte nie danach gefragt, wie alt sein Wappen sei, wo es herstamme, was es bedeute.

Im Nachhinein bedauere ich das, denn ich wüsste nur zu gern, was er mir alles für interessante Lügengeschichten von seinen ruhmreichen Vorfahren erzählt hätte.

Aber ich brauchte ihn gar nicht zu fragen, denn wie sagte meine verstorbene Großmutter: Nichts ist so fein gesponnen, dass es nicht kommt an die Sonnen!

Es passierte, als ich vor einigen Jahren fürs Fernsehen die Übertragung des Königinnentages moderierte. Ich fiel fast aus allen Wolken, denn da flatterten sie fröhlich im Wind: Die Fahnen mit dem Wappen meines Mr. Bink!

Zur Sicherheit blickte ich auch auf meinen Ring, den ich natürlich trug, und ja, es war das haargenaugleiche Wappen. Das Wappen einer holländischen Kleinstadt und nicht das Familienwappen meines Partners.

Ich konnte gar nicht schnell genug meinen Ring vom Finger ziehen, um ihn in der Handtasche verschwinden zu lassen.

Was sollte das?

Ich hatte niemals über das Wappen eingehender nachgedacht. Ich hatte niemals das Führen dieses Wappens in Zweifel gezogen.

Und doch kam ich an diesem Samstagmorgen, während einer Fernsehübertragung, dahinter, dass ich einen Mann an meiner Seite hatte, der wie selbstverständlich in Deutschland und Belgien das Wappen einer Stadt trug und sich damit schmückte, weil es ja doch mehr als unwahrscheinlich war, dass in Deutschland jemand das Wappen einer holländischen Kleinstadt erkennt und es mit dem Wappen des Mr. Bink in Verbindung bringt.

Hochstapelei nennt man das auch.

Jedenfalls, ich brauche kein Familienwappen. Ich bin meinen Vorfahren auch dankbar, dass sie sich nie ein Wappen haben machen lassen, denn mein Mädchenname heißt auf Deutsch übersetzt „auskotzen".

Das würde nämlich bedeuten, ich müsste in meinem Familienwappen drei Kotztüten führen (vielleicht mit Werbeaufdruck einer Fluglinie als Sponsor?).

Nein danke, ich bin damit zufrieden, dass ich einfach so heiße, wie ich heiße, und so bin, wie ich bin.

Ach, und noch was fällt mir zum Thema Größenwahn ein.

Man kennt es ja vom Papst, man kennt es von den Könighäusern dieser Welt, wo die Fahnenmasten auf den Palästen anzeigen, ob der Herr oder die Dame des Hauses anwesend sind.

Ist doch eigentlich klar, dass dies auf einmal auch ein wichtiges Thema für meinen Mister Bink war. Nur komisch, dass er diese Marotte erst so in den letzten beiden Jahren unserer Beziehung entwickelte.

Wenn er nach seinen Damenausflügen mal wieder in seinem 70 (siebzig) Quadratmeter großen Haus am See ankam, hisste er als Erstes „seine" Fahne mit dem Wappen dieser holländischen Kleinstadt.

Ganz so, wie es eben wichtige Persönlichkeiten zu tun pflegen.

Bloß, was es bei ihm zu bedeuten hatte, blieb ein Rätsel.
Wem wollte er damit zeigen, dass er wieder zu Hause war?
Er hatte doch keine Freunde, keine guten Bekannten, er war keine Persönlichkeit des Dorfes, wofür also?

Oder war es ein Signal für jemanden, den er nicht so einfach anrufen konnte, hallo, ich bin wieder da?

Oder gehörte es einfach nur zu seiner Großmannssucht, selbst dann, wenn es niemanden außer ihn selbst interessierte?

Ich habe es bis zu unserer Trennung nicht geschafft, ihn entweder wieder von diesem komischen Spleen abzubringen noch die Wahrheit herauszufinden.

7 Der schwerreiche Low-Budget-Man

Es gibt Menschen, die mit ihrem Geld gut über den Monat kommen, bis am Ultimo das nächste eintrifft. Es gibt andere, die mehr haben, als sie ausgeben können, und genauso gibt es die, bei denen das leider umgekehrt ist.

Dann gibt es Menschen, die über beträchtliche Mittel verfügen, aber trotzdem normal leben, obwohl sie sich vieles mehr leisten könnten.

Und es gibt Mr. Bink.

Als ich damals meinen Mr. Bink kennen lernte, waren da bei ihm einige Dinge, die für mich nicht so ganz zusammenpassten.

Mein erster Eindruck, auf der Terrasse des Sterne-Hotels, war, ich habe es bereits geschildert, überwältigend. Gepflegtes Äußeres, vollendete Manieren, selbstbewusstes Auftreten.

Dieser Mann signalisierte mir in jeglicher Hinsicht: Ich lebe gut, und ich kann es mir leisten.

Ich war hingerissen von ihm.

Mein Eindruck bekam einen Dämpfer, als ich das erste Mal sein Fortbewegungsmittel sah.

Ich wäre nicht überrascht gewesen, hätte er einen silbergrauen Jaguar gefahren. Ein Maserati Quattroporte hätte ihm bestens zu Gesicht gestanden. Vielleicht ein Range Rover oder ein Jeep Cherokee, mit Allradantrieb, um jeden Winkel seiner ausgedehnten Ländereien zu erreichen. Oder irgendein anderes Fahrzeug, welches das edle Understatement seines Besitzers hervorhebt.

Ich hatte ihm auch schon einen hübschen kleinen Sportwagen angedichtet.

Nichts von alledem.

Mein neuer Traummann stieg aus einem Mercedes-Diesel Kombi älteren Baujahrs, zu jung, um bereits als kultiger Oldtimer zu gelten, aber immerhin so betagt, dass die Karosserie große Rostflecken aufwies. Und zwischen diesen Rostflecken war der Wagen in einem undefinierbaren Braun lackiert, das ich bis dahin noch bei keinem Auto gesehen hatte. Bei einer Stuhlprobe dieser Farbe hätte jeder Arzt die sofortige Einweisung in die Klinik veranlasst.

Es war der krasse Gegensatz zu seinem eigenen Styling.

Er muss wohl in diesem Moment meine fassungslos herabgesunkene Kinnlade bemerkt haben, denn er begann ungefragt von seinem Vehikel zu sprechen wie von einem lieben alten Freund.

Dieses Auto habe ihn schon über 300.000 Kilometer treu begleitet und noch nie im Stich gelassen. Er bringe es einfach nicht übers Herz, es durch ein anderes, neueres zu ersetzen.

Und dann setzte er mit feierlichem Gesichtsausdruck noch etwas hinzu. Es fehlte nur noch, dass er dabei die rechte Hand zum Schwur erhob.

Er werde dieses Auto so lange fahren wie möglich, meinte er. Sollte es aber irgendwann einmal den Geist aufgeben, werde er es bei sich zu Hause in seinem Park auf ein Podest setzen lassen und jeden Tag wehmütig betrachten. Das sei er diesem Wagen einfach schuldig.

Jeder andere hätte laut gelacht über diesen komischen Auftritt. Ich nicht. Mein Herz schlug Purzelbäume.

Wow, das war es! Was für ein Mann! Wenn er schon dieser Rostlaube von einem Auto so die Treue hielt, wie musste das erst bei der Frau sein, die er liebte? Ich war gerührt und begeistert.

Und bestimmt, so dachte ich damals, hat er in seiner Garage noch ein paar andere Autos zur freien Auswahl stehen. Dass er mit dem hier in diesem Luxushotel auftauchte, war nur eine Marotte von ihm.

Damit war die Sache für mich erklärt und abgehandelt.

Mit etwas klarerem Kopf hätte ich mich gefragt, warum er seinen geliebten vierrädrigen Freund nicht pflegte, warum er ihm nicht ein Facelifting für die Rostflecken spendierte. Oder zumindest eine Wäsche.

Im Taumel der Hormone verschwendete ich daran keinen Gedanken. Und als ich dann später merkte, dass es wohl das einzige Auto war, das er besaß, war der Rost-Benz für mich bereits längst zur Gewohnheit geworden.

Die nächste Gelegenheit, bei der meine Kinnlade herunterfiel, war mein erster Besuch in seinem Haus am See.

Passend zu seiner edlen Kleidung hatte ich eine herrschaftliche Villa erwartet, in einem weitläufigen Park gelegen, mit einer geräumigen Eingangshalle, die Wohnräume von gediegener Ausstattung, Stabparkett, darauf schwere Orientteppiche, edle Holzvertäfelungen an den Wänden, ein offener Kamin, englische Chesterfield-Möbel.

Es war dann doch ein wenig anders. Das Domizil meines Mr. Bink passte nicht zu seinem makellosen Designer-Outfit. Es passte eher zu seinem rostigen Mercedes-Kombi, der davor parkte.

Das Grundstück war zwar weitläufig, aber trostlos. Keine Spur von der Blumen- und Pflanzenpracht, die mein Mr. Bink in meinem Garten gebracht hatte.

Das Haus - eher ein Häuschen - hatte vielleicht siebzig Quadratmeter, über zwei Stockwerke verteilt. Es machte einen wenig herrschaftlichen Eindruck. Die Inneneinrichtung auch nicht. Sie war bescheiden bis karg.

Mit etwas Wohlwollen hätte man die Möblierung als liebevollen Stil-Mix bezeichnen können. Treffender war allerdings die Bezeichnung „zusammengewürfelt". Nichts passte zum anderen, außer beim Zustand, der irgendwo zwischen frühem IKEA und drohendem Sperrmüll lag.

Mein Mienenspiel wechselte bei diesem Anblick damals wohl unkontrolliert zwischen Erstaunen und Entsetzen hin und her. Mein Mr. Bink musste dies bemerkt haben, denn er begann die Führung durch das Haus geschickterweise gleich oben im Schlafzimmer. Dort sorgte er zunächst einmal dafür, dass mir seine Inneneinrichtung nach wenigen Minuten ziemlich gleichgültig war.

Als wir die Häuschenbesichtigung einige Zeit später fortsetzten, kam er ungefragt auf das Thema zu sprechen.

Ich wisse doch, dass er gerade kurz geschieden sei, begann er bedeutungsvoll, wobei er einen traurigen Blick an mir vorbei in die Ferne richtete.

Ich nickte und wartete, was kommen würde.

Es kam die Geschichte seiner Scheidung, wie seine Ex ihn ausgeraubt hätte. Alles habe sie behalten, ihm seien nur diese paar Möbel geblieben. Er sei innerlich noch nicht so über die Sache hinweg, dass er sich neu einrichten könnte. Erst seit ich in sein Leben getreten war, sei bei ihm der Glaube an die Frauen langsam wieder zurückgekehrt.

Ich spürte, wie das Mitleid in mir hochstieg, Mitleid mit diesem Mann, der so viel durchgemacht hatte, so enttäuscht worden war von meiner Geschlechtsgenossin, dieser niederträchtigen Person.

Ich war betroffen, ich war wütend.

Ich war ja so dämlich. Nichts an seiner Geschichte stimmte, es war alles erlogen, wie ich erst viel, viel später erfahren sollte.

Er war aber noch nicht fertig. Es kam noch etwas, über das ich mich heute ausschütten könnte vor Lachen. Damals war ich beeindruckt.

Weißt Du, eröffnete er mir, ich könnte dieses Haus ausstatten mit Marmor, mit den teuersten Möbeln, mit Seidenvorhängen, mit Antiquitäten. Aber das bedeutet mir alles nichts. Ich brauche nur wenig zum Leben. Ich bin nämlich der Low-Budget-Man.

Ich begriff. Ich hatte mit diesem Mann den Sechser im Lotto gezogen! Irdische Güter waren ihm völlig egal, was ihn selbst anbetraf. Er lebte bescheiden in diesem Häuschen, fuhr seinen alten, heißgeliebten Kombi. Für mich dagegen war ihm nichts zu teuer, mich verwöhnte er mit allen Mitteln.

Wahrscheinlich sehnte er nichts mehr herbei als eine neue glückliche Beziehung, begründet auf unendlicher Liebe und gegenseitigem Vertrauen. Nun gut, ich war bereit dafür.

Was er mir verschwieg und was ich auch damals nicht weiter hinterfragte:

Er war schlichtweg nicht flüssig für ein neues Auto oder für neue Möbel. Denn seine Geldmittel verbrauchte er überwiegend, um seine Jagd auf vermögende Frauen zu finanzieren, um die Frauen zu verwöhnen, zu beeindrucken, zu ködern.

Deswegen erfand er die Figur des Low-Budget-Man und machte aus der beengten finanziellen Situation kurzerhand seine Lebensphilosophie.

Diese Philosophie trug er aber nur dort wie ein Banner vor sich her, wo seine wahren Verhältnisse bekannt waren. Ansonsten machte er überall auf Typ „vermögender Lebemann", wie mir später, nachdem unsere Trennung bekannt wurde, von verschiedener Seite zugetragen wurde.

In diesem Zusammenhang möchte ich Ihnen die folgende Episode nicht vorenthalten.

Als mein Mr. Bink schon geraume Zeit keine Rolle mehr in meinem Leben spielte, wurde ich auf einer Abendveranstaltung von einem Herrn angesprochen, der wissen wollte, warum ich denn allein erschienen sei und wo mein Millionär heute Abend geblieben sei.

Nachdem geklärt war, dass er meinen verflossenen Mr. Bink meinte, sagte ich ihm nur, dass wir uns getrennt hätten. Daraufhin erzählte er mir seine Geschichte:

Er und seine Frau hatten vor einigen Jahren bei einer Veranstaltung mit Mr. Bink und mir am selben Tisch gesessen. Ich hatte wohl zwischendurch ein paar Mal zur Moderation auf die Bühne gemusst.

Meine Abwesenheit hatte mein Mr. Bink genutzt, um gegenüber dem Ehepaar großspurig den Multimillionär herauszukehren, der es durch einige wenige Grundstücksgeschäfte nicht mehr nötig hatte, auch nur einen Handschlag zu arbeiten, vielmehr nur noch von den Erträgnissen seines umfangreichen Immobilienvermögens lebte.

Bei der Frau dieses netten Herrn müssen die Phantastereien meines Mr. Bink wohl einen nachhaltigen Eindruck hinterlassen haben. Jedenfalls begann sie fortan, ihm, einem braven und fleißigen Geschäftsmann, meinen Mr. Bink als leuchtendes Beispiel für Erfolg und Reichtum vorzuhalten, wogegen er es doch in seinem ganzen Leben zu nichts gebracht habe und auch nicht bringen werde.

Irgendwann müssen die ständigen Nörgeleien wohl unerträglich gewesen sein. Die Sache endete damit, das die beiden sich scheiden ließen.

Ich nahm mir die Zeit, den Herrn umfassend über Mr. Binks wahre Verhältnisse aufzuklären, dass er niemals Multimillionär war, höchstens gerne gewesen wäre. Außerdem erzählte ich in kurzen Worten, wie Mr. Bink tatsächlich an sein Geld kam und wie er es bei mir gemacht hatte.

Als ich geendet hatte, ging ein zufriedenes Lächeln über das Gesicht des netten Herrn. Das werde er, kündigte er an, bei nächster Gelegenheit seiner Ex mit großer Genugtuung aufs Brot schmieren, was für einen Windhund sie ihm da ständig als Vorbild serviert hatte.

Ich habe den netten Herrn danach leider nie wieder getroffen. Sollte er dieses Buch lesen, möchte ich ihm noch sagen:

Seien Sie froh, dass Sie Ihre Mrs. Bink los sind!

8 Die Aktenmappe

Gleich am ersten Nachmittag, bei dieser Einladung zu einem Glas Champagner auf dieser besagten Hotelterrasse in diesem holländischen Hotel, wandte mein Mr. Bink bereits einen seiner Tricks an.

Mitten in unserem angeregten Gespräch - sein Freund hatte sich inzwischen verabschiedet - stand er plötzlich auf, entschuldigte sich für eine kurze Zeit, da er zu einem dringenden Termin müsse, und bat mich, doch während seiner Abwesenheit auf seine Aktentasche Acht zu geben. Er wolle sie so lange hier bei mir, auf der Hotelterrasse, zurücklassen.

Er vergaß auch nicht, mich mit wichtiger Miene darauf hinzuweisen, dass sich im Inneren dieser Tasche all seine Kreditkarten befänden.

Meine Güte, was für ein Vertrauensvorschuss von diesem Mann!, dachte ich damals. Ich war doch schließlich eine ihm bis vor wenigen Stunden völlig unbekannte Frau.

Kein Mann sonst, den ich erst wenige Stunden gekannt hatte, hatte dies jemals gemacht, getan, gesagt. Ich war perplex.

Natürlich besaß er genug Menschenkenntnis, um zu wissen, dass ich treu und brav auf seine Aktenmappe aufpassen und niemals hineinschauen würde.

Denn erstens bin ich so erzogen worden, dass ich nicht in fremden Sachen rumstöbere, und zweitens, was ging mich zu diesem Zeitpunkt der Inhalt seiner Tasche an?

Viel weiter dachte ich damals nicht, da mein Verstand bereits heftigst von Hormonen geschüttelt wurde. Und so wartete ich geduldig, bis der gnädige Herr von seinem angeblichen Termin zurück war, und verharrte schier regungslos, den Blick auf die Aktenmappe gerichtet, bis er endlich wieder Platz nahm.

Heute weiß ich ganz genau, was er mit dieser damaligen Aktion bezweckte. Alles war geplant.

Zunächst einmal stellte er, indem er seine Aktenmappe bei mir zurückließ, auf schnellstmöglichem Weg eine Vertrautheit zwischen uns beiden her, die schneller nicht hätte entstehen können, wenn wir noch länger gemeinsam am Tisch gesessen hätten.

Außerdem: Ich konnte nicht einfach verschwinden, denn ich musste bleiben, bis er zurück war. Da war ja die Aktenmappe, die ich nicht allein lassen durfte.

Und was wollte er mir noch demonstrieren? Stimmt!

Ich bin jemand! Ich bin im Besitz mehrerer Kreditkarten.

Und ich, die nach Aufmerksamkeit, Anerkennung, Liebe und vor allem einem adäquaten Lebenspartner hungernde Frau, war beeindruckt.

Das passiert mir heute nicht mehr. Heute lache ich über Männer, die ein Leporello von Plastikkarten mit sich herumtragen. Ich weiß, dass Männer mit wirklichem Einfluss und mit wirklicher Macht ganz anders auftreten. Erst kürzlich führte ich mit einem Architekten aus Deutschland ein amüsantes Gespräch, in dem er mir erzählte, wie einer der größten und erfolgreichsten, doch leider schon verstorbenen Kaufhauskönige Deutschlands Noblesse zelebrierte.

Während andere Möchtegerns, die immer und überall ihre eigene Wichtigkeit mit dem Zücken einer Kreditkarte unterstreichen wollten, begnügte sich dieser Herr damit, bei Rechnungslegung, egal wo und in welcher Höhe, eine Visitenkarte aus feinstem handgeschöpften Büttenpapier zu überreichen, die lediglich seinen Vor- und Nachnamen trug.

Nichts anderes.

Bitte senden Sie mir die Rechnung, bat er ganz einfach mit einem höflichen Lächeln.

Ohne Adresse? Ohne Telefonnummer?

Ja, nur sein Name, der reichte.

Und alle Welt wusste, was zu tun war.
Und die Rechnungen wurden immer pünktlichst und mit hohem Trinkgeld beglichen.

Das ist Vornehmheit.

Nicht das Wackeln mit einer ellenlangen Brieftasche voller Karten, von denen möglicherweise die eine oder andere bereits gesperrt oder abgelaufen ist.

Aber damals auf dieser Hotelterrasse sah ich das ganz anders.

Auch die Sache mit der anvertrauten Aktenmappe, die hat bei mir so gewirkt, wie sie sollte.

Ich war an diesem Terrassentisch sicher ebenso platt wie das Mädchen in der U-Bahn, als ihr ein völlig Unbekannter, der während der kurzen Fahrt mit ihr nur geflirtet hatte, ihr beim Aussteigen sein eigenes Handy in die Hand drückte mit den Worten: Nimm mein Handy, ich ruf Dich an.

Ich las diese Geschichte vor einiger Zeit im Playboy und habe mich köstlich darüber amüsiert. Hohe Chancen, schnell zum Ziel zu kommen, versprach der Verfasser des Artikels.

So ähnlich wie die Sache mit dem Aktenkoffer.

Ich saß da und wartete innerlich leicht aufgewühlt auf seine Rückkehr. Als er zurückkam, setzte er sich zu mir, bedankte sich kurz und meinte, ihm sei klar gewesen, dass ich eine Frau sei, der man blind vertrauen könne. Ach ja, und dass er unbedingt mit mir zu Abend essen wolle.

Tja, wieder kann ich nur sagen, ich war in einem Ausnahmezustand, der Herr auf der anderen Seite des Tisches dagegen wusste haargenau, was er wann wie und mit welchem Blick zu sagen hatte.

Heute weiß ich, dass alle Mr. Binks sehr, sehr gute Beobachter sind, die ihre Beute keinen unnötigen Moment aus den Augen lassen, um immer im einzig richtigen Moment zuschlagen zu können.

Die die Falle immer neu spannen, bis die Beute endgültig gefangen ist.

Gefangen, um manipuliert zu werden.

9 Mr. Bink, der Blumenspender

Mein Mr. Bink und ich waren vielleicht zwei Monate zusammen, da hielt eines Nachmittags ein Lastwagen mit Anhänger vor meinem Haus.

Ich war gerade in meinem Garten, und der Fahrer fragte mich, ob denn hier das Blumengeschäft Amado sei.

Blumengeschäft?

Nein.

Hier sei zwar das Haus von Amado, doch es gebe hier keinen Blumenladen dieses Namens.

Doch, meinte der andere Mann, der aus dem Lkw stieg, er habe doch einen Lieferschein mit der Adresse meines Hauses und den Auftrag, alles, was im Lkw und im Anhänger sei, hier in diesem Haus abzuladen.

Da der Auftrag so gewaltig groß sei, könne es sich doch unmöglich nur um einen Privathaushalt handeln.

Und dann sah ich, wovon der Mann sprach.

Es öffneten sich die Türen des Anhängers, es öffneten sich die Türen des Lkw, und da stand eine unvorstellbare Menge an Pflanzen und Sträuchern, Bäumen und Blumen in Töpfen und Schalen, in Bottichen und Vasen beieinander.

Ich war sprachlos.
Ich war fassungslos.
Ich war kopflos.

Denn, was um alles in der Welt sollte das bedeuten? Ich hatte nichts dergleichen bestellt.

Ich begann zu ahnen, was das Ganze sollte, als der Fahrer nun mit einem Strauß von mindestens 50 roten Rosen auf mich zukam und mir diesen überreichte, zusammen mit einer Karte, auf die nur wenige Worte geschrieben waren:

Für Dich, mein Schatz.

Mein Mr. Bink überraschte mich und schenkte mir diese Unmenge blühender Zeugen einer großen Liebe.

Jetzt war mir mit einem Schlag klar, warum mein Traummann mindestens fünf Mal schon angerufen und gefragt hatte, ob denn seine Blümchen schon abgegeben worden seien.

Blümchen!
Die Untertreibung des Jahrhunderts.

Ich musste aber auch schallend lachen, als der Mann, der mir die Blumen übergab, mit breitestem Amsterdamer Dialekt und einem breiten Grinsen auf seinem Gesicht mir folgende Frage stellte:

„Sagen Sie mal, was müssen Sie dafür tun?“

Und so wurde alles entladen und in meinen Garten gestellt.

Bis heute weiß ich nicht, nach welchen Kriterien die Fahrer die Pflanzen verstaut hatten, aber ich konnte letztendlich noch einen kleinen Pfad durch all die Pracht finden, um doch noch in mein Haus zu kommen.

Was hat er sich nur bloß dabei wieder gedacht?
Mich so zu verwöhnen!

Ich rief ihn freudestrahlend an und konnte mein Erstaunen und meine Begeisterung kaum in Worte fassen.

Es soll das Haus den schönsten Garten haben, den man sich nur vorstellen kann, meinte er fast beiläufig.

Heute weiß ich, dass ein Haus mit einem wunderbaren parkähnlichen Garten, mit einem großartigen Baumbestand, einen viel höheren Wiederverkaufswert erzielen kann als ein netter Garten mit ein paar mickrigen Beeten.

Und heute weiß ich leider auch, dass viele dieser Großzügigkeiten seinerseits von meinem Geld oder dem anderer Frauen bezahlt wurden. Doch davon später mehr.

Mir ist heute ein selbst gepflückter Sonnenblumenstrauß vom Feld tausend Mal lieber als ein Lkw voller Blumen und Pflanzen. Denn der hat so was Ehrliches.

Aber all dies gehört zu den Erfahrungen, die ich leider erst Jahre später machen musste, wo aber die Saat genau an diesem für mich damals so unbeschreiblichen Nachmittag bereits begann aufzugehen.

Eine andere Begebenheit, die meinen Flower-Big-Spender von einem Moment zum anderen in den Mittelpunkt der Aufmerksamkeit hievte, war jene, die sich bei einem Golfturnier zutrug.

Wir spielten beide beim Turnier mit, und am Abend, bei der Gala, hatte ich meinen Auftritt. Ich sang einige meiner schönsten

Songs, und just während ich auf der Bühne stand, verteilte mein Mr. Bink im Saal über 200 rote Baccararosen an die dort sitzenden Damen.

Es konnte doch nicht angehen, dass ich im Mittelpunkt stand und er etwa nicht!

So verteilte er mit charmantem Lächeln an jede Frau seine Rosen (vielleicht auch seine Visitenkarte mit dem Wappen?), und die Einzige, die keine Rose bekam, war, ja, Sie liegen richtig, liebe Leserinnen und Leser, die Einzige ohne Rose war ich.

Da dies jeder im Saal sah, nur mein Mr. Bink nicht, kamen einige Damen zur Bühne und überreichten mir ihre soeben erhaltene Rose, und bald schon stand ich mit einem riesigen Strauß da, konnte mich jedoch nur über die liebe Geste der Frauen im Saal freuen. Meinem Mr. Bink hätte ich am liebsten in diesem Moment die Rosen um die Ohren geschlagen!

10 Mr. Bink, die eierlegende Wollmilchsau

Ich habe Freundinnen, die wiederum haben Männer, und diese Männer haben ihre ganz besonderen Talente.

Der eine ist ein Top-Geschäftsmann, der andere ist ein hervorragender Koch, der dritte ist ein ausgefuchster Rechtsanwalt, der nächste ein begnadeter Chirurg, wieder ein anderer ist ein Erfinder, der irgendwann der Welt durch eine seiner Erfindungen großen Nutzen bringen wird, und so weiter, und so weiter.

Das ist schön, das ist normal, so kennt man das ja.

Ach ja, und da sind dann auch noch die diversen Hobbys der Männer meiner Freundinnen.

Der eine ist ein passionierter Jäger, der andere lebt für den Sport, wieder ein anderer ist begeisterter Motorradfahrer, der nächste hat den so genannten Grünen Daumen, dass alles im Garten meiner Freunde auf das Herrlichste blüht, der andere ist ein Hobbybastler, sodass meine Freundin niemals einen Handwerker ins Haus holen muss.

Aber was war das alles gegen meinen Mr. Bink?

Gut, er war Fachmann für Immobilien, wie er mir erzählt hatte.

Und Hobbys? Er hatte zwar nie gekocht, ging auch nicht zur Jagd, mied Motorräder, Fußball war auch nicht sein Ding, Golfen, ja, das war das Einzige, was ihn begeisterte.

Das zumindest hatte ich über ihn gewusst.

Was ich aber anfangs keineswegs wusste: Er war ein Alleskönner, ein Allroundtalent, ein Mann für alles. Sozusagen der Fachmann auf allen Gebieten, eine eierlegende Wollmilchsau.

Doch der Reihe nach.

Es gibt doch kaum etwas Schöneres für eine Frau, als einen Partner zu haben, der gerne mit zum Shoppen geht. Nicht nur ein bisschen Schaufensterschauen. Nein, richtig ausgiebig einkaufen gehen.

Kleider, Schuhe, Taschen anprobieren und von ihm, dem Traummann, beraten zu werden, ist für jede Frau der Inbegriff einer Partnerschaft. Denn es gibt ja wirklich nicht viele Männer, die dies gerne tun.

Ich genoss diese Einkaufstouren mit ihm, nein, eigentlich waren es wahre Einkaufsorgien, denn regelmäßig kamen wir reichbepackt wieder aus dem Geschäft heraus.

Was ich nur leider erst viel, viel später erfuhr: Während ich in der Umkleidekabine Kleid für Kleid probierte und mein Mr. Bink mir ständig noch eines und noch eines brachte, das ich unbedingt noch anziehen müsse, war er durch den Vorhang meinem Blick entzogen und nutzte die kurze Wartezeit, um sich bei der Besitzerin oder der Geschäftsführerin des Modesalons als Berater für alle Lebensbereiche zu produzieren.

Das ging los mit Outfit und Figur der Dame.

Sätze wie, ach, was haben Sie für einen tollen BH an und, ach, was haben Sie für ein hinreißendes Dekolleté, meine Güte, Ihre langen Beine würde ich gerne einölen, und so weiter und so fort.

Dies war aber nur der Einstieg in die eigentlichen Gespräche.

Er war dann nämlich auf einmal der Mann, der alles konnte, alles verstand, alles schon erlebt hatte.

Ein reicher Mann, bekleidet mit einem Mantel aus feinstem englischen Tuch und einem Borsalinohut auf dem Kopf, an seiner Seite eine sehr elegant gestylte Partnerin. Manche der Damen bekamen wohl Hoffnung, dass sie vielleicht, eines Tages, wo sie doch schon so tolle Komplimente von ihm bekamen, statt meiner an seiner Seite all die Annehmlichkeiten eines ausgiebigen Einkaufsbummels erleben durften.

Einer seiner Tricks, um die Damen in den Läden zu beeindrucken, war, beiläufig nach dem besten Restaurant der Stadt zu fragen. Er ließ sich dann die Lage des Lokals und die Spezialitäten des Hauses genau erklären, mit dem Wissen, dass er mit mir dann ohnehin höchstens zum kleinen Italiener ums Eck gehen würde.

Mein Mr. Bink gab sich als der geborene Frauenversteher. Durch sein Auftreten gab er den Frauen in all den Geschäften zu verstehen, dass er ein Mann war, der es einfach geschafft hatte, der es einfach bestens verstand, auf Frauen einzugehen.

Die bildhübsche Inhaberin eines Designerladens hatte es ihm offensichtlich besonders angetan, denn mit ihr hatte er ein sehr ausgiebiges Gespräch über den Zustand ihrer Ehe geführt und ihr beigepflichtet, dass eine schlechte Ehe einfach die Hölle sei.

Daran ist ja generell nichts auszusetzen, denn wer in der heutigen Zeit hat noch nicht mindestens schon einmal in seinem

Leben die Erfahrung gemacht, dass Beziehungen, so viel versprechend sie auch begannen, eben auch schlimm und traurig enden konnten.

Wieder nicht so mein Mr. Bink.

Er war der verständnisvolle Zuhörer, der ratschlaggebende Meister, der seine Falle schon auf Zuschnappen gestellt hatte.

Und dann erzählte diese Dame auch noch, dass ihre Eltern in Obst und Gemüse tätig seien. Das war das Stichwort schlechthin für meinen Mr. Bink.

Ach, welch ein Zufall, er habe soeben in Chile 70 Hektar Grund gekauft, und darauf würde er Früchte anbauen. Die Grundstücke dort seien eben günstiger und, ach welch glückliche Fügung, dass er just in diesem Geschäft eine Frau kennen lernt, deren Eltern eben auch in Obstbau investieren würden!

Muss ich erwähnen, dass Mr. Bink natürlich niemals auch nur einen Quadratzentimeter Grund in Chile kaufte, besaß oder verkaufte? Und dass er keine Papaya von einer Mango unterscheiden konnte?

Wie ich später erfuhr, durchforschte diese Geschäftsfrau zusammen mit ihrem Exmann und ihren Eltern noch am selben Abend das Internet nach diesen Grundstücken. Denn im World Wide Web, so hatte mein Mr. Bink ihr erzählt, hätte auch er diese Informationen gefunden. Dass sie trotz intensivster Recherche natürlich nichts fanden, war auch klar. Es gab keine Obstplantagen-Schnäppchen in Chile, es gab sie so, wie es mein Mr. Bink geschildert hatte, eigentlich nirgendwo.

Denn nichts an der ganzen Geschichte war wahr. Aber mein Mr. Bink hatte sich als Geschäftsmann mit weltweiten Verbindungen präsentiert, weil er doch so gerne bewundert wurde.

Vielleicht auch, weil er wieder mal ein Opfer mit Geld gewittert hatte.

Ging eine der Damen zu schnell auf ihn ein, so konnte er sich sofort auf mich berufen, denn ich war ja kaum ein paar Meter von ihm entfernt. Mir gegenüber konnte er die ganze Sache so hinstellen, als sei nichts gewesen und alles das Natürlichste und Normalste der Welt, dass ein Mann eben charmant, hilfsbereit und höflich ist.

Oder er erzählte mir nach Verlassen des Geschäftes, wie doch die Frau X oder Y sich an ihn rangemacht habe und ob ich das nicht gesehen oder bemerkt habe.

Gefiel ihm eine der Ladies aber ganz besonders, gingen wir wieder und wieder in den Laden, kauften dies und das, und ich probierte in der Kabine brav all die Klamotten, von denen er meinte, dass sie zu mir passen würden. Und er konnte hinter meinem Rücken seine spannenden Spiele treiben.

Eine andere Story:

Meine Freundin Monny und ihr Mann sind erfahrene und begeisterte Segler und besitzen ein wunderschönes Segelschiff.

Eines Abends, als wir einander zu einem Abendessen trafen, kam das Gespräch darauf, und sofort hakte Mr. Bink ein.

Also, wenn Ihr irgendwann mal Hilfe braucht, scheut Euch nicht, mich anzurufen, ich bin ein richtiger Experte in Sachen Segeln, Boote, Wasser und Meer.

Er schwadronierte über Sonnenuntergänge, Sonnenaufgänge, die er da und dort auf seinen verschiedenen Touren erlebt hatte. Überflüssig, zu erwähnen, dass Mr. Bink weder ein Schiff hatte noch einen Segel- oder sonstigen Bootsführerschein und dass ihn kein Mensch irgendetwas hätte fragen können, denn er wusste nicht einmal, was backbord und was steuerbord ist.

Aber an diesem Abend gefiel er sich in der Rolle des großen Sachverständigen.

Und wie so oft, konnte mein Mr. Bink auch auf diese Sache noch einen draufsetzen.

Als wir einige Tage nach diesem gemeinsamen Abendessen von meinen Freunden zu einem Besuch auf eben jenem Schiff eingeladen waren, musste mein Mr. Bink sich dafür doch unbedingt noch die nötige Ausrüstung besorgen.

Ich konnte dies so gar nicht verstehen, denn wir sollten ja nicht einmal segeln gehen, sondern nur das Boot besichtigen und vielleicht einige Gläser Champagner trinken.

Und doch kaufte sich mein Mr. Bink die chicsten und teuersten Segelschuhe, die es für gutes Geld zu kaufen gab. Aber nicht nur das. Es mussten auch die weiße Hose, das Hemd, der Pullover gekauft werden. Er wollte wie ein Freizeit-Admiral aussehen, der gleich in hohe See sticht.

Und dann saß er für ganze 45 Minuten im vollen Ornat auf dem Boot und tat so, als sei es das Normalste in der Welt, sich für ein völlig zwangloses, kurzes Treffen so aufzubrezeln. Danach habe ich ihn nie wieder in dieser Kleidung gesehen.

Aber aus Sicht meines Mr. Bink musste die angefangene Sache nun auch konsequent durchgezogen werden. Er musste sich weiterhin als erfahrener Seebär präsentieren.

Diese Geschichte gehörte aber noch zu den harmloseren. Mr. Bink spielte sich auch als Gesundheitsexperte auf.

Eine andere Freundin hatte in einem Gespräch ihre entsetzlichen Bindungsängste erwähnt. Sofort outete sich mein Mr. Bink als Experte für Phobien aller Art. Er erzählte ihr von seinen eigenen Ängsten, was er dagegen tun würde und was ihm geholfen hätte. Sie solle ihn doch einfach nur anrufen, wenn sie nicht mehr weiter wüsste, und er würde ihr dann schon als Helfer zur Seite stehen.

Ich saß daneben und staunte. Ängste? Bei meinem Mr. Bink? Ich hatte nie welche bei ihm bemerkt, ganz im Gegenteil.

Eine andere Bekannte erzählte unter Tränen von der Krebserkrankung ihrer Mutter, der es sehr schlecht ging. Daraufhin meinte mein Mr. Bink, das sei alles nicht schlimm, er habe ja bereits zwei Mal selbst Krebs gehabt. Er erzählte der armen Frau, die ganz andere Sorgen hatte, ungefragt seine eigene Krankheitsgeschichte in allen Einzelheiten, aber nicht, um sie zu trösten, sondern um sich selber in den Mittelpunkt zu stellen.

Überhaupt, sein Krebs!

Er gehörte zu den wenigen Patienten, deren gutartiger Krebs sich eingekapselt hatte, eigentlich also völlig harmlos, und doch machte er sich mit dieser Krankheit interessant und setzte sie ein, wann immer es ihm Vorteile zu bringen versprach.

Wie zum Beispiel jedes Jahr zu Silvester.

So kurz vor oder nach Mitternacht sagte er mit tiefstem Leidensblick zu mir: Ach, Schatz, ich muss jetzt eine halbe Stunde nur für mich sein. Ich muss über das Leben und meine Krankheit nachdenken.

Vor Kummer und Sorge ganz bang ließ ich ihn gewähren. Ließ ihn nach oben gehen, wo er sich in ein Zimmer zurückzog. Und erst Jahre später erfuhr ich, dass er jedes Jahr zu Silvester, in exakt jener halben Stunde, mit seiner Langzeitgeliebten aus dem deutschen Norden telefonierte.

Man stelle sich das vor: Ich sorgte mich um ihn, der ganze Abend war für mich gelaufen, ich musste mich während seines angeblichen Nachdenkens alleine um unsere Gäste kümmern, oder, wenn wir alleine feierten, dann räumte ich inzwischen die Küche auf. Und dieser Schuft telefonierte währenddessen mit seiner Geliebten!

War er fertig, kam er wieder die Treppe herunter, setzte sich in ein Sofa, blickte mich noch immer mit seiner Leidensmiene an und meinte: Ach, es geht schon wieder. Verzeih, dass ich an solchen Tagen immer so sentimental werde.

Er spielte jahrelang dieses schäbige Spiel mit seiner angeblichen schweren Krankheit, und immer wieder gelang es ihm, mich zu täuschen, denn ich hätte ihn natürlich niemals in seiner so dringend benötigten Ruhe gestört.

Zurück zum Allroundtalent. Bei mir spielte Mr. Bink den großen Immobilienfachmann. Klar, denn ich hatte ja ein Haus.

Als ich ihm, nicht lange nach unserem Kennenlernen, stolz von meinem neuen Haus berichtete, erklärte er mir sofort, dass er in Sachen Immobilien derjenige sei, der mich nun wahrlich am besten in allen Angelegenheiten beraten könne. Denn davon habe er unter allen sonstigen Experten schlichtweg die meiste Ahnung. Er könne mich vor allen Fehlern bewahren, denn sein Wissen und seine Erfahrungen werde er selbstredend ab nun mit mir teilen.

Außerdem habe er nur die besten Notare und die ausgefuchstesten Anwälte an der Hand, und seine Steuerberater seien wahre Finanzgenies.

Natürlich vertraute ich mich ihm an. Aber dass er die Fertigkeiten seiner Berater später einmal gegen mich verwenden würde, konnte ich damals beim besten Willen nicht ahnen. Denn die Qualitäten dieser Experten sollte ich leider später noch zur Genüge am eigenen Leib erfahren!

Und so gab es viele Gelegenheiten, in denen sich mein Mr. Bink als Experte und Berater aufspielte, obwohl er von der Materie keinen blassen Schimmer hatte.

Er machte nicht nur gerne den Prahlhans. Er wollte damit bei seinem Gegenüber Vertrauen schaffen, gleiche Situationen darstellen, ähnliche Lebensumstände und Verständnis für alles vortäuschen und vor allem Nähe herstellen.

Jedes Problem ist keines mehr, wenn man Mr. Bink nur machen lässt!

Irgendwann stellte ich fest, dass alles nur ein große Blase mit heißer Luft war.

Und trotzdem, ein klein wenig Anerkennung verdient mein Mr. Bink doch.

Ich habe mich in den vielen Jahren meiner Moderationstätigkeit oftmals unvorbereitet auf einen mir völlig unbekannten Diskussionspartner einstellen müssen, und ich weiß daher, wie schwer es ist, sich alles zu merken.

Daher ist es bewundernswert, was mein Mr. Bink sich alles gemerkt haben muss. Denn man muss sich ja vorstellen, nichts von dem, was er so den Menschen als gegeben darstellte, entsprach der Wahrheit, und so musste er sich immer wieder ins Gedächtnis rufen, welche Geschichte er erzählt hatte, wenn er die Person das nächste Mal wiedertraf.

Damit soll es aber wirklich genug des Lobes sein.

11 Mr. Bink auf dem Golfplatz

Einladungen zu Golfturnieren jeder Art, die natürlich immer nur ich erhielt, waren für meinen Mr. Bink ein gefundenes Fressen. Er liebte die Teilnahme an solchen Turnieren.

Nicht etwa, dass er ein begnadeter Spieler mit einem überragenden Handicap gewesen wäre. Nein, ganz im Gegenteil, er spielte eher durchschnittlich bis gar nicht gut. Entgegen seinem sonstigen Naturell war es auch nicht so, dass er vielleicht den begnadeten Spieler herausgekehrt hätte, das Handicap ließ sich nun einmal nicht manipulieren, da musste man etwas dafür tun. Aber das tat er nicht, er blieb so schlecht, wie er war.

Insofern war er einmal wirklich ehrlich zu mir gewesen, denn er hatte mir gleich zu Anfang erklärt, dass er Golf nicht als Leistungssport, sondern als reines Hobby, als Freizeitvergnügen, sehe.

Endlich mal ein netter Golfer, dachte ich damals.

Aber wieder einmal schaffte er es, seine Unzulänglichkeiten auf dem Gebiet des Golfsports als Vorteil für seine Zwecke zu nutzen.

Es fing regelmäßig damit an, dass mein Mr. Bink sich mit der Turnierleitung in Verbindung setzte und seinen derzeitigen Formmangel beklagte. Überarbeitung, zu wenig Training, eine gerade überstandene Grippe, irgendwas fand sich immer. Man möge ihn bitte ja nicht mit starken Spielern in einen Flight packen.

In den meisten Fällen war die Turnierleitung überzeugt, dass es am besten sei, einen so leistungsschwachen Spieler wie meinen Mr. Bink in einen Damen-Flight zu stecken.

Merken Sie was?

Und da ich mit einem deutlich besseren Handicap antrat, bestand keine Gefahr, dass gerade ich Mitglied dieses Flights war.

Merken Sie wieder was?

Der nächste Weg führte meinen Mr. Bink dann sofort in den Golf-Shop, wo er für die drei Damen in seinem Flight kleine Aufmerksamkeiten erstand. Das konnten Golfbälle, Stirnbänder oder Schlägerschoner sein, sie mussten aber möglichst das Emblem des Platzes oder des Clubs tragen. Schließlich sollten sich die Damen immer erinnern, auf welchem Platz sie von ihm bedacht worden waren.

Meistens hatte er sich aber bereits vorher ausreichend mit Pralinés der belgischen Marke Leonidas eingedeckt, wissend, dass diese Marke bei seinen Mitspielerinnen besonders spitze Entzückensrufe hervorlocken würde.

So ausgerüstet erschien er am ersten Abschlag, wo er sich formvollendet vorstellte und zunächst seine Visitenkarten (ja, genau die!) und dann die Pralinés und die kleinen Geschenke verteilte.

Es bedarf wohl keiner besonderen Erwähnung, dass sich mein Mr. Bink in das passende Outfit geworfen hatte, wobei „passend" hieß, dass er aussah wie aus dem Ei gepellt. Die edlen Klamotten, die er trug, waren selbstverständlich farblich perfekt aufeinander abgestimmt.

Das Einzige, das nicht zu seinem Auftritt passte, war sein Golfwagen. Der stammte nämlich vom Discounter und war im wahrsten Sinne des Wortes schrottreif. Aber mein Mr. Bink hatte da seine Erklärung parat, ja, Sie ahnen es schon, er war ja der Low-Budget-Man, und außerdem hatte ihn dieser Golfwagen doch schon so lange begleitet und sei ihm ans Herz gewachsen ...

Wie beim Golf üblich, schlug mein Mr. Bink als Erster ab, natürlich vom gelben Abschlag, dem für die schwächeren Spieler. Dabei stellte er sich, nachdem er ausführlich auf seine momentane Schlagschwäche hingewiesen hatte, so ungeschickt an, dass er sofort alles Mitgefühl auf seiner Seite hatte.

Wenn dann seine Mitspielerinnen abschlugen, lobte mein Mr. Bink ausgiebig ihren Schwung, ihren Schlag und ihre Eleganz. Außerdem verteilte er Tipps, wie sie vielleicht ihre Technik noch verbessern könnten.

Die Herzen der Damen schmolzen dahin wie Butter in der Sonne. Und schon hatte mein Mr. Bink sein Dreiergespann fest am Zügel.

Seine Schmeicheleien setzte er natürlich über den ganzen Parcours hinweg fort und auch das Kokettieren mit seiner ach so schwachen Spielleistung. Es machte den drei Grazien selbstredend überhaupt nichts aus, dass sie wegen meines Mr. Bink letztlich auf einem der hinteren Plätze landeten.

Ich dagegen sah die rein sportliche Seite des Ganzen und konzentrierte mich darauf, möglichst gut zu spielen.

Spätestens bei der Siegerehrung war dann unter allen Teilnehmern rund, was die Amado doch für einen netten und charmanten Begleiter hat. Die übrigen Teilnehmerinnen schauten neidvoll auf die drei Damen, die das Vergnügen hatten, im Flight meines

Mr. Bink mitgespielt zu haben. Am neidvollsten aber wurde ich betrachtet, da ich ja so ein Prachtexemplar von Mann hatte.

Keiner ahnte, dass mein Mr. Bink die Sache aufzog nach dem Motto: Wenn das Einlochen auf Bahn 13 schon nicht so richtig geklappt hat, vielleicht klappt es ja dann demnächst mal bei der Millionärswitwe XY aus meinem Flight.

Und ich brauchte auch sehr lange, um zu merken, dass Mr. Bink die Golfturniere ausschließlich nutzte, um mal wieder so richtig den Poussierstengel zu machen. Während ich an meinem Handicap arbeitete, erschloss er sich neue Finanzquellen.

12 Der Fürst, der Graf, der Manager

Das Thema Mr. Bink auf dem Golfplatz betrachtete ich nach unserer Trennung als abgeschlossen. Ich freute mich weiterhin über Einladungen zu Turnieren und ging eben alleine hin.

Aber ungefähr zwei Jahre, nachdem ich Mr. Bink aus Herz und Leben verbannt hatte, kam es dann im Nachgang zu den Golfplatzerlebnissen mit meinem Mr. Bink doch noch zu einer Begebenheit, die ich Ihnen nicht vorenthalten möchte.

Ich war der Einladung zu einem Charity-Golfturnier in Heidelberg gefolgt. Nachdem Turnier und Siegerehrung vorbei waren und ich über den Parkplatz zu meinem Wagen ging, erscholl hinter mir ein lauter Ruf: Frau Amado, Frau Amado, gut, dass ich Sie sehe, haben Sie einen Moment Zeit?

Ich drehte mich um und sah einen Herrn mittleren Alters auf mich zueilen.

Frau Amado, fragte er, als er vor mir stand, sagen Sie mal, haben Sie eigentlich etwas gegen mich?

Ich muss ihn wohl ziemlich erstaunt angesehen haben, denn er war mir gänzlich unbekannt.

Nein, antwortete ich deshalb wahrheitsgemäß, wieso sollte ich? Ich weiß nicht einmal, wer Sie sind.

Ich verstehe das nicht, antwortete er und stellte sich mit Namen vor, ich habe Ihnen bereits mehrfach Einladungen zu Golfturnieren geschickt, aber mir wurde gesagt, Sie hätten kein Interesse. Aber das kann ich nicht glauben, nachdem ich Sie jetzt wieder habe spielen sehen.

Jetzt war ich vollends verwirrt, denn nie hatte ich eine Einladung zu einem Turnier ausgeschlagen, wenn es sich nur irgendwie zeitlich machen ließ.

Aber der Herr blieb dabei.

Doch, doch, meinte er, Ihr Management hat jedes Mal mitgeteilt, Sie hätten kein Interesse.

Bitte?, fragte ich, wer bitte hat Ihnen das mitgeteilt?

Na, sagte er, der Herr, der Sie immer begleitet hat, der mit dem tollen Wappen auf den Visitenkarten, der Fürst, der Graf, der Manager von Ihnen. Er sagte mir jedes Mal, Sie kämen ganz bestimmt nicht, aber er selbst würde der Einladung gerne Folge leisten.

Ich ahnte bereits, was folgte.

Wo, bitteschön, haben Sie die Einladungen denn hingeschickt?, fragte ich ihn.

Na, meinte er, natürlich an Ihren Manager, an die Anschrift auf der Visitenkarte.

Da hatten wir's!

Es fiel mir wie Schuppen von den Augen.

Offensichtlich hatte mein Mr. Bink keinerlei Bedenken gehabt, hin und wieder sogar noch nach unserem Auseinandergehen meine Einladungen zu Golfturnieren zu nutzen, um dort völlig ungestört seine Poussierspielchen treiben zu können.

Doch nach der langen Zeit, die vergangen war, nahm ich die Sache mit Humor und erklärte dem netten Herrn lediglich, ich hätte mich von diesem Management getrennt.

Ich gab ihm meine eigene Visitenkarte - ohne Wappen, aber mit meiner neuen Anschrift - und verabschiedete mich freundlich mit dem Versprechen, bei seinem nächsten Turnier auf jeden Fall dabei zu sein.

Als ich dann in mein Auto stieg, merkte ich: Die Zeiten, in denen mich Mr. Bink mit solchen Unverschämtheiten treffen konnte, waren lange vorbei.

13 Das Geburtstagsgeschenk

Wie jeder Mensch freue auch ich mich über Geschenke.

Geschenke zu einem bestimmten Anlass, Geschenke, die zeigen, dass der andere oder die andere an einen gedacht hat.

Geldgeschenke und Gutscheine habe ich mein ganzes Leben verachtet, denn dies ist Ausdruck von Gedankenlosigkeit, ein untrügliches Zeichen dafür, dass sich der andere nicht mit den Wünschen und den Bedürfnissen, den Vorlieben und den Neigungen des zu Beschenkenden beschäftigt und auseinander gesetzt hat.

Es sei denn, jemand wünscht sich ausdrücklich nur Geld zur Hochzeit, zum Geburtstag, um sich dann ein bestimmtes, meist sehr teures Stück leisten zu können. Etwas, das für einen oder zwei in der Anschaffung viel zu teuer gewesen wäre, aber durch das Mitzahlen von mehreren sich in einem erträglichen finanziellen Rahmen befindet.

Ich hatte also meinen Geburtstag.

Ich wollte eigentlich ein Fest veranstalten, doch mein Mr. Bink meinte, dies sei doch gar nicht notwendig.

Was dachte ich mir wohl in diesem Moment?
Genau!

Wie süß, er hat sicher eine Überraschungsparty geplant. Ich soll davon nichts wissen, ich werde sicher irgendwohin entführt, und da stehen sie dann alle. Meine lieben, langjährigen Freunde, Menschen, die mir beruflich und privat wichtig sind, Menschen, mit denen ich an meinem Ehrentag gerne beisammen wäre.

Menschen, die ganz einfach zu meinem Leben gehören.

Ich sah mich schon in einen abgedunkelten Raum gehen, und wenn das Licht aufleuchtete, würden alle meine Lieben ein Geburtstagsständchen für mich singen.

Oh, she's a jolly good fellow...

Weil ich nun felsenfest davon überzeugt war, dass das nur so sein konnte, rief ich meine allerbeste Freundin an und bat sie, mir doch bitte, bitte zu verraten, wo und in welchem Rahmen meine Geburtstagsfeier stattfinden würde. Sie solle doch bitte so lieb sein und mir das Geheimnis verraten, denn dann wüsste ich, wie ich mich zu kleiden hätte und, und, und ...

Ach, meinte sie, es findet eine Feier statt? Davon wisse sie nichts, denn man habe sie und ihren Mann ja nicht dazu eingeladen.

So, so, entweder war meine Freundin eine perfekte Schauspielerin, oder ihre Entrüstung war echt.

Also versuchte ich bei Freundin Nummer zwei mein Glück. Komisch, auch sie zeigte die gleiche Reaktion.

Auch bei allen anderen konnte ich nicht erkennen, dass sie mir einen Streich spielten und mit meinem Mr. Bink unter einer Decke steckten, um mich am besagten Tag doch zu überraschen.

Also organisierte ICH kurzerhand eine Überraschungsparty für MICH.

Als mein Mr. Bink davon erfuhr, war er aufgebracht. Zornig, wütend.

Komisch, es war also wahr. Er hatte wirklich gar nichts geplant gehabt.

Aber es sollte dann am Geburtstag doch noch eine Überraschung geben, die ich jedoch in meinen kühnsten Träumen nicht erwartet hätte.

Mein Mr. Bink überreichte mir an diesem Tag zwei Blatt Papier, DIN A4.

Keine Karte, kein was auch immer, nur zwei handgeschriebene Seiten, deren Inhalt mir noch verborgen blieb. Meine Güte, bitte keinen Gutschein, dachte ich.

Mein Schatz, räusperte sich mein Mr. Bink, also Schatz, ich habe ein wunderbares Geschenk für Dich. Aber am besten, Du setzt Dich und liest erst einmal, was ich Dir geschrieben habe, und dann können wir uns unterhalten.

Was?
Wow, was bekam ich denn geschenkt, dass ich erst mal sitzend lesen musste, was es war?

Und so begann ich zu lesen, konnte mein Glück kaum fassen und glauben, hörte nach einigen Sätzen zu lesen auf, rannte wie ein kleines Mädchen aufgeregt zum Fenster, hatte in diesem Moment so heftiges Herzklopfen und sicherlich hochrote Wangen vor Aufregung und Freude und wollte mein Geschenk nun endlich ansehen und sah – nichts.

Also war ich sicher, es ist vor dem Haus, an einer Stelle, die das Fenster, aus dem ich blickte, eben nicht freigab.

Ich rannte hinaus, noch immer die beiden Seiten in meiner Hand, und sah wiederum nichts.

Dann sicher in der Garage.

Auch da sah ich nichts.

Nun war endlich mein Mr. Bink an meiner Seite und meinte, ich möge doch den Brief zu Ende lesen, denn da würde ich dann schon alles sehen.

Ich ging also wie gewünscht ins Haus zurück, setzte mich und begann weiter zu lesen.

Einmal, zweimal, dreimal.

Ich verstand einfach nichts.

Was hatte ich geschenkt bekommen?
Was würde ich geschenkt bekommen?
Und vor allem, wann?

Ich will, damit man nachvollziehen kann, was ich mir in den verschiedenen Leseabschnitten so gedacht hatte, wohin meine Wünsche und Beine mich trugen, den haargenauen Wortlaut der beiden Seiten wiedergeben.

Zu Deinem Geburtstag am 1. Februar

Lieber Schatz, ich liebe Dich und hoffe, noch Jahre in guter Gesundheit mit Dir weiterzuleben.

Dein Schatz

siehe Blatt 2

und auf Blatt 2 stand dann:

Lieber Schatz,

herzlichen Glückwunsch zu Deinem Geburtstag. Anbei Dein Audi Cabrio V6, 2,5l, 163 PS Diesel, Multitronic, Standard, Automatic und GPS und Extras.

(Hier musste ich erstmal nach draußen rennen)

Basis: 45.000,- €
(Und hier las ich dann weiter)
20% Rabatt = 36.000,- €

Eintauschen des alten Autos 20.000,- €

zu bezahlen, ca. 16.000,- €

mein Auto 35.000,-/40.000,- €?

Die Art und Weise, wie wir das verrechnen, darüber muss ich noch nachdenken.

So, das war's.
Das war mein Geschenk.
Ich blickte nicht durch.

Auf die Frage, wann ich denn das Auto bekäme, meinte er, na ja, im Sommer, denn jetzt im Februar würde doch kein Mensch ein Cabrio kaufen, dass müsste doch sogar ich verstehen.

Natürlich verstand ich.

Meine Güte, noch nie hat mir jemand ein Auto geschenkt, schoss es mir durch den Kopf, immer musste ich mir meine fahrbaren Untersätze selbst verdienen.

Und nun bekam ich ein Cabrio.

Warum habe ich immer nach den technischen Details meinen Zettel zu lesen aufgehört?

Ich kam nur bis zu den PS, machte mir über die Farbe Gedanken und sah mich mit meinem Mr. Bink schon im Wagen sitzen. Meine Telenovela-Zeit war wieder mal da!

Mein Traumauto von meinem Traummann.
Ich bekam ein Auto geschenkt.
Solche Großzügigkeit.

Na, wenn man ein solches Geschenk bekommt, da braucht man doch wahrlich nicht auch noch eine Überraschungsfete zum Geburtstag.

Ich hatte fast ein schlechtes Gewissen.

Und leider noch immer nicht begriffen, dass ich überhaupt kein Geschenk bekam.

Ich bekam kein Auto geschenkt, ich sollte es mir selbst finanzieren! Ich hatte die Kontakte zu dem Autohändler. Ich moderierte oftmals für ihn, kannte ihn ewig, und deshalb hatte ich beim Kauf meines letzten Autos eine Sonderkondition bekommen.

Ob ich diese beim nächsten Kauf auch bekäme, wusste ich gar nicht, hatte ich auch nie erfragt, denn ich war ja mit meinem Auto zufrieden und brauchte kein Neues.

Nun stellte sich heraus, dass ich mein eigenes Auto für mein „Geschenk" eintauschen sollte. Und 20.000,– € noch dafür bekommen sollte, und dann blieben immerhin noch oder nur mehr 16.000,- € zu zahlen!?

Na ja, dachte ich, was soll ich denn auch wirklich mit zwei Autos? Ist doch nur vernünftig und logisch, dass ich dies so wie vorgeschlagen mache.

Und er?

Ich wusste gar nicht, dass er sich auch einen neuen Wagen zulegen wollte.

Was stand da?
Auto für ihn 35.000,- /40.000,- €

Ach ja, und da stand doch auch dieser eine Satz, zu dem zu lesen ich in meinen ersten Euphorien gar nicht kam.

Die Art und Weise, wie wir das verrechnen, darüber muss ich noch nachdenken.

Unsere Beziehung ging dann noch 15 Monate, und es bedarf wohl keiner Erwähnung, dass ich niemals dieses „Geschenk" bekam.

Möglich, dass er eben so lange darüber nachdenken musste.

Jedenfalls: Meine Überraschungsparty „ich für mich" war ein voller Erfolg. Ich hatte wenigstens liebe Menschen um mich. Sie machten mir Geschenke, die ich noch am selben Abend auspacken konnte und an denen ich mich noch heute erfreuen darf.

14 Mr. Bink und seine Ausflüge in die Promi-Welt

Damals, als ich meinen Mr. Bink traf (oder besser gesagt, er mich), war ich als Fernsehmoderatorin weithin bekannt. Immer wieder waren Fotos von mir in den Zeitungen zu sehen, und es wurde viel über mich berichtet.

Beruflich gesehen war das gut, für mein Privatleben aber - wie sich herausstellen sollte - eher von Nachteil. Denn ohne diese Bekanntheit wäre ich für meinen Mr. Bink ziemlich belanglos gewesen. Er hätte mich vielleicht gar nicht beachtet oder nach kurzer Zeit fallen gelassen, und es wäre mir vieles erspart geblieben.

Wie mir von anderen Frauen erzählt wurde, waren die Binks, denen sie zum Opfer fielen, ausschließlich auf Geld aus. Es waren Frauen, die hart arbeiteten, es dadurch zu einem gewissen Wohlstand gebracht hatten und sich für später, wie man so schön sagt, etwas zurückgelegt hatten.

Und weil sie allein waren, gerieten sie früher oder später ins Visier eines Bink.

Der zog meist bei ihnen ein, lebte eine Zeit lang gut von dem, was sie verdienten, brachte irgendwann noch das an sich, was sie sich erspart hatten, und verschwand spurlos, wenn die Frau geschröpft war.

Mein Mr. Bink war ein besonderes Exemplar - ohne dass ich Grund hätte, darauf stolz zu sein. Er fühlte sich nämlich zu Höherem berufen.

Sein Leben bestand daraus, es nicht nur finanziell, sondern auch gesellschaftlich ohne größeren Aufwand möglichst weit zu bringen. Deswegen zog ihn die Glamourwelt der Schönen und Reichen an wie das Licht die Motte.

Als Marijke Amado aus dem Fernsehen war ich da natürlich für meinen Mr. Bink von hohem Wert. Mein Beruf kam ihm sogar gerade recht.

Denn durch mich konnte er in diese Glamourwelt gelangen.

Hier fand er das Publikum, das, wie er meinte, seine Auftritte und seine erfundenen Geschichten richtig zu würdigen wusste.

Und hier fand er seine neuen Opfer, Frauen mit Geld, das er für seinen Lebensunterhalt brauchte.

Deswegen war mein Mr. Bink, auch wenn er bei mir ständig und nachdrücklich anderes behauptete, buchstäblich rattenscharf auf jede Einladung zu einer Gala, einer Filmpremiere, einer Vernissage, einer Award-Verleihung, einem Wohltätigkeits-Golfturnier, kurz gesagt, zu jeder Veranstaltung, auf der sich auch Promis und schöne Frauen tummelten.

Da war er bei mir natürlich genau richtig

Er wusste genau, dass ihn niemand bitten würde, auch nur eine einzige solche Veranstaltung mit seiner Anwesenheit zu bereichern. Er war halt nur ein kleiner Fisch, und deshalb brauchte er eine Frau wie mich. Mir flatterten wöchentlich Einladungen zu den tollsten Veranstaltungen in den unterschiedlichsten Städten ins Haus. Mit meiner Hilfe kam mein Mr. Bink dahin, wo er hinwollte.

Nämlich in die Nähe anderer Promi-Frauen.

Ich liebte solche Veranstaltungen aus anderen Gründen. Ich traf alte Bekannte, lieb gewonnene Freunde, plauderte und amüsierte mich, und ich lernte auch neue, beruflich wie privat interessante Menschen kennen.

Oftmals waren es aber nicht Einladungen, die mich erreichten, sondern Anfragen, ob ich nicht die Moderation des Abends übernehmen könne. Wie ich später feststellte, waren es genau diese Veranstaltungen, die meinem Mr. Bink sehr entgegenkamen. Warum? Na, ganz einfach!

Mein Beruf ging nun mal vor, und es war dann halt klar, dass ich den halben Abend auf der Bühne verbringen würde und nicht gemeinsam mit meinem Mr. Bink am Tisch sitzen konnte.

Da war dann für ihn beim Baggern sogar bei den Damen am eigenen Tisch freie Bahn angesagt.

Aber davon ahnte ich ja nichts.

Ich erinnere mich noch ganz genau an unseren ersten gemeinsamen öffentlichen Auftritt bei einer fantastischen Gala in Berlin.

Als ich ihn fragte, ob er mich an diesem Abend begleiten wolle, hatte ich den Eindruck ehrlicher Begeisterung bei ihm.

Ja, selbstverständlich komme er gerne mit, und er freue sich schon unheimlich darauf, an diesem Abend mein Begleiter und mein Tischherr zu sein.

So fuhren wir gemeinsam zu diesem Gala-Abend nach Berlin.

Im Hotelzimmer angekommen, stellte ich fest, dass mein Mr. Bink nicht nur einen Smoking für den Abend mitgenommen hatte, sondern gleich deren vier in verschiedenen Stoffen und Farben, dazu noch, ich traute meinen Augen kaum, mindestens 20 Fliegen, Bauchbinden und Stecktücher.

Was ich dachte, verliebt wie ich war?

Ach, er will mich halt nicht blamieren und hat lieber vorgesorgt, als vielleicht in einem Outfit aufzutreten, das zu meinem Abendkleid nicht gepasst hätte.

Zum Lachen war es aber schon, denn ich hatte lediglich mein von einer Kölner Designerin extra für diesen Abend angefertigtes Kleid mit und selbstverständlich alle dazu passenden Accessoires, doch niemals im Leben hätte ich für den einen Abend ein zweites Abendkleid eingepackt.

Er hätte also eigentlich nur vorher mal fragen müssen. Aber heute weiß ich, dass ihn mein Abendkleid wenig interessierte. Sein eigener Auftritt war das Wichtigste.

Denn während unserer ganzen Beziehung sah ich Mr. Bink niemals schlecht gekleidet. Immer hatte er seinen Anzug, seine Krawatten, seine Stecktücher und seine Manschettenknöpfe perfekt aufeinander abgestimmt.

Er ließ auch bis zum Schluss kein einziges Mal zu, dass ich seinen Reisekoffer einpackte. Dies machte er immer selber. Ich weiß bis heute nicht, warum.

Später wusste ich auch, dass er immer einen sorgfältig gepackten Koffer in seinem Auto mitführte. Egal, wohin er auch fuhr, er hatte ihn immer dabei, denn er war damit für alle Eventualitäten gerüstet. Allzeit bereit.

Wir standen also gemeinsam im Hotelzimmer vor dem großen Spiegel und betrachteten uns. Ich war sicher, dass wir eines der am perfektesten gestylten und aufeinander abgestimmten Paare des Abends sein würden.

Mein Mr. Bink sah einfach umwerfend aus, und ich war stolz, einen so attraktiven Mann an meiner Seite zu haben.

Mein Mr. Bink war ausschließlich darauf stolz, ein so attraktiver Mann zu sein. Ich war ihm egal und nur seine sprechende Eintrittskarte zur Promi-Welt.

Wir fuhren mit dem Taxi dorthin, wo die Gala stattfand. Kaum dem Wagen entstiegen, auf den ersten Zentimetern des roten Teppichs, stürzten sich schon die versammelten Journalisten mit Foto- und Filmkameras auf uns. Frau Amado, wer ist denn Ihr Begleiter? Wer ist der Mann an Ihrer Seite?

Freudestrahlend stellte ich ihn vor als meine große Liebe, als den neuen Mann in meinem Leben, und schwebte für alle sichtbar auf Wolke sieben.

Mein Mr. Bink ließ die Fragen und das Blitzlichtgewitter lässig-wohlgefällig über sich ergehen, als ob er solche Auftritte bereits seit langem gewohnt sei.

Nach meinem Eindruck verhielt er sich an meiner Seite absolut bravourös. Als wir dann an unserem Tisch Platz genommen hatten, sagte ich ihm das als lieb gemeintes Kompliment.

Ach was, bekam ich brüsk zur Antwort, das Ganze gehe ihm gehörig auf die Nerven, er könne all diesem scheinheiligen Getue nichts abgewinnen.

Hallo? Was waren das denn für Töne? Meine gute Laune bekam einen tüchtigen Dämpfer. Musste ich mich jetzt dafür entschuldigen, dass ich ihn gebeten hatte, mich zu begleiten? Dass ich mich freute, endlich nicht mehr allein zu einer Veranstaltung gehen zu müssen? War seine anfängliche Begeisterung nur geheuchelt gewesen?

Ich beobachtete ihn, wie er die anderen Gala-Gäste formvollendet begrüßte und sie anlächelte, während er sich ihnen vorstellte. Wie er keine Miene verzog, wenn er mit „Herr Amado" angesprochen wurde. Und dann begriff ich: Er war nur mir zuliebe mitgekommen, aus Liebe zu mir. In Wahrheit fühlte er sich unwohl! Wie hatte ich ihm das nur antun können, ihn in diese Welt mitzunehmen? Hatte er nicht immer gesagt, wie gern er mit mir allein sei? Und ich hatte ihn jetzt in diese Menschenmassen hineingeschleppt!

Ich sah ihn bewundernd an, wie er alles tapfer ertrug, wie er zu den anderen Tischen hinüberstrahlte und den Anwesenden zur Begrüßung zunickte. Aber ...

He! Moment mal! Der Dame zwei Tische weiter, einer Grande Dame der deutschen Schauspielkunst, der hatte er doch schon zweimal lächelnd zugenickt? Und jetzt wieder? Sie hatte es meinem Mr. Bink wohl besonders angetan. Er konnte sie jedenfalls gar nicht genug anschauen, suchte immer wieder den Blickkontakt und begann, mit ihr aufs Heftigste zu flirten, was mir natürlich einen Stich versetzte.

Nicht, dass die Dame auf seine Versuche angesprungen wäre, sie hatte schließlich ihren Partner an ihrer Seite und war sichtlich mehr erstaunt als erfreut über die offenen Avancen meines Mr. Bink, aber der hörte einfach nicht auf.

Es war schlichtweg peinlich, denn er merkte es gar nicht oder es war ihm einfach völlig egal, wie sehr er mich durch sein Verhalten bloßstellte. Wie er mich kompromittierte, wie er offen zeigte:

Diese Frau dort gefällt mir besser als die, mit der ich hergekommen bin.

Und dann bemerkte ich, wie er sein Visitenkartenetui zückte, eine Karte entnahm, diese bereithielt und immer wieder zu der Dame hinübersah, als wolle er den richtigen Moment abwarten, um aufzuspringen, an ihren Tisch zu gehen und ihr seine Visitenkarte (ja, die mit dem Wappen) in die Hand zu drücken.

Die anderen Gäste an unserem Tisch bekamen leider alles mit und schauten mich etwas betreten an. Ich strahlte scheinbar unbekümmert zurück.

Fast wie gerufen kamen dann Mitglieder aus dem Produktionsteam meiner damaligen Fernsehsendung an unseren Tisch, und ich stellte ihnen meinen neuen Mann vor.

Ach, hieß es, wir haben ja schon so viel von Ihnen gehört! Und: Wir freuen uns, Sie endlich einmal kennen zu lernen!

Und da mein Mr. Bink wohl inzwischen festgestellt hatte, dass sein Charme bei der Grande Dame zwei Tische weiter in keiner Weise auf fruchtbaren Boden fiel, richtete er ihn jetzt in voller Stärke auf die beiden Redakteurinnen.

Ich traute meinen Augen und Ohren nicht, wie er, dem das ganze Getue doch so zuwider war, sich als Mann von Welt präsentierte, ja, er flirtete geradezu mit den beiden, während ich gar nicht mehr zu Wort kam. Und endlich konnte er auch seine Visitenkarten (ja, mit dem Wappen) loswerden, und gleich zwei auf einmal. Und dann hörte ich die Worte, die mich trafen wie ein Donnerschlag: Ach, meinte mein Mr. Bink zu den beiden, vielleicht können wir einander bald einmal treffen.

Treffen?? Hallo! Wozu das denn? Er hatte sie doch gerade erst kennen gelernt!

Nachdem die beiden verschwunden waren, sprach ich ihn natürlich darauf an.

Was soll das denn jetzt?, zischte er mich an. Er wolle doch nur ein gutes Verhältnis zu meinem Team aufbauen. Und außerdem sollten die wissen, was ich für einen tollen Mann hätte.

Und als ich ihn weiterhin zweifelnd anschaute, bekam ich zu hören: Kapierst Du das nicht? Ich mache das doch alles nur für Dich!

Da war es, zum allerersten Mal. Ich wusste es nur noch nicht.

Mein Mr. Bink begann sein gemeines Spiel. Er erklärte mich kurzerhand für bescheuert.

Dass ich von da an ein komisches Gefühl hatte, wenn wir gemeinsam zu Einladungen gingen, ist sicherlich für jeden verständlich. Noch dazu, weil sich Begebenheiten der vorher geschilderten Art auf den nächsten Veranstaltungen häuften.

Immer öfter hatte ich das Gefühl, dass ich auf öffentlichen Veranstaltungen für ihn ein lästiges Anhängsel war, das ihm aber den Zutritt verschafft hatte.

Und er fand auf der Gala, dem Empfang, der Eröffnung immer einen Weg, für eine gewisse Zeit allein zu sein. Sehr beliebt waren zum Beispiel folgende Ausflüchte:

„Ihr wollt Euch sicher in Ruhe unterhalten, ich schaue mich mal etwas um."

„Schatz, ich hole Dir / uns noch etwas von der Bar / vom Buffet."

oder, um meine Begleitung von vornherein zu verhindern:

„Entschuldige mich bitte mal einen Moment." Natürlich hatte ich keine Lust, ihm auf dem Gang zur Toilette Beistand zu leisten.

Kaum außer Sichtweite und Kontrolle, fuhr mein Mr. Bink dann seine versteckten Antennen aus und ging mit scharfem Blick, gewinnendem Lächeln und gezückter Visitenkarte auf Beutezug nach dem Motto: Mal sehen, ob sich nicht noch etwas Lohnenderes finden lässt als die, mit der ich hergekommen bin.

Außerdem änderte Mr. Bink nach und nach sein Verhalten mir gegenüber.

Vor unserem ersten gemeinsamen Auftritt in der Öffentlichkeit glaubte ich noch, dass er sich ehrlich freute, mich zu begleiten, und stolz auf mich und meine Erscheinung war. Aber bereits bei der Vorbereitung auf die nächste Einladung ging es los:

Mein Mr. Bink erklärte sich zu meinem Stilberater.

Das ist doch prima, werden Sie sagen. Eine Frau braucht jemanden, dem sie ihr Aussehen anvertrauen kann, der ihr sagt, was sie tragen kann, welche Farben ihr stehen, welches Make-up sie tragen sollte.

Mein Mr. Bink erklärte mir, was ich besser nicht tragen sollte, nämlich eigentlich alles.

Das eine Kleid war zu bunt, das nächste machte mich zu dick, das dritte zu klein. Beim vierten sah man zu viel Dekolleté, beim fünften zu wenig. Zu eng, zu weit, zu lang, zu kurz.

Ich trug zu viel Make-up oder zu wenig, die Schuhe passten nie zum Kleid, egal was ich kombinierte, und meine Frisur sah für ihn immer aus wie ein gerupfter Vogel, egal, was ich ausprobierte und wie teuer der Friseurbesuch gewesen war.

Es machte mich fertig. Er machte mich fertig.

Wenn wir dann endlich im Taxi saßen, war ich bereits schweißgebadet, und die Freude auf die Veranstaltung war längst verflogen.

Dort angekommen, zeigte mein Mr. Bink dann plötzlich nur noch Begeisterung – allerdings für die anderen weiblichen Gäste.

Tolles Kleid, lange Beine, Super-Dekolleté, so ging es die ganze Zeit. Ich konnte mich allein deswegen glücklich schätzen, weil ich überhaupt keine Beachtung mehr fand – eben auch keine negative.

Aber Mr. Bink war durchaus in der Lage, sich noch zu steigern. Es war, als mache es ihm Spaß, mir all das schlecht zu machen, wofür und vor allem wovon ich lebte.

Nach außen hin dagegen spielte er den Mann, um den mich alle anderen Frauen beneiden sollten.

Jedes Mal im Vorfeld des Besuchs einer Veranstaltung bekam ich zu hören, wie sehr ihm das Getue der Schicki-Mickis auf die Nerven gehe, dass er diese Küsschen-rechts-Küsschen-links-Gesellschaft zum Kotzen finde. Doch spätestens auf dem roten Teppich wandelte er sich dann zum Strahlemann und hinterließ bei allen nur den allerbesten Eindruck.

Er genoss auch ganz offensichtlich die Blitzlichtgewitter, und wenn die Fotografen nicht wirklich nachdrücklich darum baten, Frau Amado einmal allein auf dem Foto haben zu dürfen, lächelte er neben mir in die Kameras, als sei er der Ehrengast des Abends.

Zehn Sekunden später zischte er mir dann zu, wie ihm das alles zuwider sei.

Dann bleib doch bitte schön nächstes Mal zu Hause, war meine Antwort, doch genau das tat er nicht.

Nein, manchmal drängelte er sich sogar dazwischen, wenn ich mit einem anderen Promi abgelichtet werden sollte. Wie ich später erfuhr, ging er dann mit einem solchen Foto dort hausieren, wo es ihm von Nutzen war – nachdem er das Drittel, auf dem ich zu sehen war, abgeschnitten hatte.

Doch, und das soll jetzt nicht seiner Ehrenrettung dienen, manchmal machte es richtig Spaß, mit meinem Mr. Bink auszugehen, sich mit ihm in der Öffentlichkeit zu zeigen. Er war dann so zu mir, wie frau es sich von dem Mann an ihrer Seite wünscht.

Ich habe nie herausgefunden, warum er mal so und mal so war. Vielleicht hatte es damit zu tun, ob sich unter den anwesenden Damen lohnende Opfer befanden oder nicht.

Eins schaffte mein Mr. Bink aber auf jeden Fall: Ich wurde zunehmend unsicher. Auf diese Weise bereitete er seine nächste Phase vor, das Intimidieren.

15 Mr. Bink, der Witwentröster

Festspiele hier, eine Gala da, Oscar-Verleihungen, Filmpremieren, jede Menge Veranstaltungen, jede Menge Berichte und Bilder in Hochglanz, die Woche für Woche die Leserinnen und Leser von Zeitschriften dazu bewegen, diese auch zu kaufen.

Man liest, wer gerade mit wem liiert ist, und sieht die tollsten Frauen und Männer in den schicksten Klamotten.

Eine Welt voll Glanz und Glamour.

Fantastisch, einzigartig und letztlich doch genauso wie der Feuerwehrball im Dorf ums Eck.

Hier wie da wird über die anderen Anwesenden geredet, gelästert, spekuliert.

Auch ich bin da in keiner Weise anders. Ich beobachte, und ich kenne zu viele Zusammenhänge und Gerüchte, als dass ich dann nicht manchmal verwundert an meinem Tisch sitze und innerlich lächle.

Heute sehe ich Herrn X mal wieder mit seiner Lebensgefährtin, wo ich doch erst vor einigen Tagen mit ihm und seiner Geliebten, einer deutschen Küchenfee, essen war! Er würdigt mich kaum eines Blickes, grad so, als hätte er Angst, ich würde sein Geheimnis verraten. Käme mir natürlich nie in den Sinn. Das ist eine Sache, die nur die beiden was angeht, und ich weiß auch, dass er kein Mr. Bink ist, denn er liebt und verehrt beide Damen und baggert nicht jede an, die ihm in den Weg kommt. Also halte ich mich da raus.

Und ein paar Tische weiter sehe ich einen in Spanien lebenden Uralt-Millionär mit seiner Gattin, die vom Alter her auch Tochter bis Enkelin sein könnte. Von ihm wie von ihr kenne ich die eine und andere Geschichte, und doch sind sie heute hier in trauter Zweisamkeit, als wäre alles in bester Ordnung und alles völlig normal.

Ach, ja, und da bei der Frau, schräg vis-à-vis von meinem Platz, fragt man sich, was die bloß an ihrem Begleiter findet. Umgekehrt gibt es genauso Männer, die in Frauen verliebt sind und sie verehren, wo man meinen könnte, eine jüngere, schlankere wäre eher ihre Geschmacksrichtung.

All das und viel mehr sieht man bei den Veranstaltungen, wo hauptsächlich Promis anzutreffen sind, aber genauso ist das auch beim Ball im Dorf.

Was hat die an, wieso ist sie mit dem da? Tratsch, Klatsch, Neugierigkeit.

Das gehört zu einem gelungenen Abend genauso dazu wie ein gutes Essen und ein edler Wein oder ein gut gekühltes Bier.

Natürlich horchte ich auch gerne mal, was denn über die Anwesenden so in der Gerüchteküche brodelte. Was ich jedoch nicht wusste, war, dass auch ich in all den Jahren, als ich mit meinem Mr. Bink die diversen Feste besuchte, ebenso wie die meisten anderen im Mittelpunkt von Spekulationen stand.

Meine Tischnachbarn schlossen fast schon Wetten ab, mit wie vielen Frauen mein Mr. Bink wohl an diesem Abend flirten würde. Sie diskutierten, wann ich sein Tun endlich von selbst durchschauen würde. Aber sie sprachen mich nicht darauf an.

Weil viele von ihnen dachten, es ginge sie nichts an. Weil sie, wie ich es bei dem Herrn X gemacht hatte, lieber so getan hatten, als wüssten sie von nichts.

Und die wenigen Male, als mir eine Freundin oder eine Bekannte die Wahrheit sagen wollte, habe ich es immer als gemeine Neidattacke auf meine ach so wunderbare Beziehung abgetan.

So war es auch bei einer Gala in Köln, bei der mich mein Mr. Bink wie üblich begleitete.

Vorhin hatte ich bereits erwähnt, dass ich oftmals nicht einfach Gast auf einer Veranstaltung war, sondern vertraglich die Moderation übernommen hatte.

Unser Tisch war ziemlich weit vorn, damit ich schnell zu meinem Job auf die Bühne gelangen konnte. An diesem Tisch saß auch eine attraktive und sehr sympathische Dame, etwa Mitte Dreißig, die offensichtlich ohne Begleitung erschienen war und mir und den übrigen Tischgästen durch ihre stille Zurückhaltung auffiel.

Im Verlauf der ersten Tischgespräche stellte sich heraus, dass diese Frau auf den Tag genau ein Jahr vorher ihren Ehemann und ihr Kind bei einem Unfall verloren hatte. Sie betrachtete den Besuch der Gala als Schlussstrich unter ihr Trauerjahr und wollte ab dem nächsten Tag ihrem Leben wieder eine neue Richtung geben.

Alle am Tisch bemühten sich natürlich, dieser Frau mit ihrer schicksalhaften Vergangenheit einen schönen Abend zu bereiten.

Am allermeisten bemühte sich mein Mr. Bink.

Ich sah das damals aber noch ganz anders und freute mich, dass er sie ins Gespräch einbezog, mit ihr scherzte, ihr kleine Komplimente machte. Schließlich hatte das Leben dieser Frau doch so übel mitgespielt.

Zwischendurch musste ich immer wieder zur Moderation auf die Bühne. Von oben sah ich, wie mein Mr. Bink intensiv auf die junge Witwe einredete und sie dann auf die Tanzfläche führte.

Wie nett, dachte ich damals, dass er sich so um die arme Frau kümmert. Schließlich musste ich ja meinen Job machen und hatte sowieso ein schlechtes Gewissen gehabt, ihn am Tisch allein lassen zu müssen.

Und außerdem gönnte ich der Dame den Tanz mit meinem Mr. Bink von Herzen. Denn wie oft hatte ich, als ich noch allein auf Veranstaltungen gehen musste, allein am Tisch sitzen bleiben müssen, weil sich wegen der eifersüchtigen Gattinnen keiner der Herren traute, mich aufzufordern.

Seltsam fand ich damals nur, dass die junge Witwe ihrem Gesichtsausdruck nach zu urteilen offenbar alles andere als erfreut war.

Ich hatte aber auch keine Zeit, darüber weiter nachzudenken, brachte die Ziehung der Tombolalose über die Bühne, schüttelte Hände, gratulierte den Gewinnern und stellte die üblichen Fragen.

Irgendwann kehrte ich wieder an den Tisch zurück und stellte fest, dass sowohl die junge Witwe als auch mein Mr. Bink verschwunden waren.

Aber auch das hinterfragte ich nicht weiter, ich machte mir auch keine Gedanken darüber, dass zwar mein Mr. Bink nach einiger Zeit wieder zurück kam, die junge Witwe aber für den Rest des Abends nicht mehr auftauchte.

Erst lange Zeit später erzählte mir eine Dame, die am selben Tisch gesessen hatte und es, wie sie betonte, nur gut mit mir meinte, die folgende Geschichte:

Die junge Witwe hatte, während ich oben auf der Bühne moderierte, in der illustren Runde die Bemerkung fallen lassen, dass der tragische Verlust von Mann und Kind für sie auch den Erwerb erheblicher Vermögenswerte im Wege der Erbschaft bedeutet hatte. Dies sei allerdings für sie bisher eher eine Bürde gewesen, da sie weder die Energie gehabt hätte, das Unternehmen ihres verstorbenen Mannes weiterzuführen, noch große Lust, das Geld auszugeben.

Da sei sie wohl, so die wohlmeinende Bekannte, bei meinem Mr. Bink an den Richtigen geraten.

Er habe der jungen Witwe in meiner Abwesenheit heftigste Avancen gemacht, habe ihr seine Visitenkarte aufgedrängt und gefragt, wann er sie einmal allein treffen könne. Irgendwann sei sie sichtlich genervt und empört aufgesprungen und habe wortlos den Saal verlassen.

Ich konnte die Sache damals gar nicht glauben. Sicherlich war die Dame nur wieder neidisch! Bei nächster Gelegenheit sprach ich meinen Mr. Bink auf die junge Witwe an.

Er bekam ein hochrotes Gesicht - vor Wut. Ob ich dieser Frau einen solchen Schwachsinn abnehmen wolle. Sie selber sei es doch gewesen, die ihn andauernd angemacht habe, sie habe ihm sogar unter dem Tischtuch sein Bein gestreichelt. Er habe darauf nicht reagiert und sei mit der jungen Witwe auf die Tanzfläche geflüchtet, weil er sich anders nicht zu helfen gewusst hätte.

Die Frau wolle doch nur Zwietracht säen, weil er damals auf ihre Annäherungsversuche nicht reagiert hatte.

Da hatte ich die Bestätigung! Alles nur Neid und Rache von dieser Frau, die mir den Mann hatte ausspannen wollen. Ich war beruhigt.

Die Geschichte war aber noch nicht zu Ende, denn wie sagte doch meine Großmutter? Nichts ist so fein gesponnen, ...

Wieder längere Zeit später besuchte ich einen Friseursalon in Köln, und auf dem Stuhl neben mir saß – die junge Witwe von der Galaveranstaltung. Wir unterhielten uns höflich, aber sie erwähnte die Geschehnisse an diesem Abend mit keiner Silbe.

Wenig später kam auch mein Mr. Bink in den Salon, weil wir uns dort verabredet hatten.

Schau mal, sagte ich zu ihm, hier neben mir ist die Dame, um die Du Dich damals auf der Gala so reizend gekümmert hast.

Seine Reaktion überraschte mich dann doch. Er murmelte noch etwas vom Halteverbot, machte auf dem Absatz kehrt und verließ den Laden.

Heute weiß ich: So ganz Unrecht hatte die wohlmeinende Bekannte wohl doch nicht mit ihrer Geschichte. Das Geld anderer auszugeben war schließlich Mr. Binks Spezialgebiet.

Ich würde heute jede Wette eingehen, dass mein Mr. Bink mich schon damals wie eine heiße Kartoffel fallen gelassen hätte, wenn sein Werben bei der jungen Frau auch nur auf einen einzigen Quadratzentimeter fruchtbaren Bodens gefallen wäre.

16 Mr. Bink und sein Sexualleben

Machen wir uns nichts vor.

Ein erfahrener und gefühlvoller Liebhaber ist für jede Frau ein Glückstreffer.

Ein Mann, der in einem völlig ausgewogenen Verhältnis gleichwohl gibt wie auch nimmt. Ein Mann, der Freude am Sex hat und dies auch zeigt. Ein Mann, der eine Frau auf vielfältige Art und Weise glücklich machen kann. Ein Mann, der jede erogene Zone einer Frau kennt und genau weiß, wie er diese zu behandeln hat.

Ich habe in den letzten zwei Jahren mit mehreren Frauen gesprochen, die im Laufe ihres Lebens eine Beziehung mit einem Mr. Bink hatten.

Und fast alle waren erstaunlicherweise der Meinung: Sex mit einem Mr. Bink ist am Anfang außergewöhnlich, ist anders, ist mitunter faszinierend.

Wie gesagt: am Anfang.

Denn wenn ein Mr. Bink von all den anderen Dingen im Leben nur oberflächlich Bescheid weiß, beim Sex jedoch, da kennt er sich aus. Meint man.

Weil es leider auch wiederum nur zu seiner persönlichen Inszenierung gehört.

Die Wirklichkeit sieht anders aus.

Er macht damit abhängig.
Er hat damit Macht über seine Partnerinnen.
Er kann manipulieren.
Er kann eliminieren.

Mr. Bink ist beim Sex der Typ des routinierten Technikers. Wahres Gefühl dürfen Sie von ihm nicht erwarten, das spart er sich, weil ja die Beziehung für ihn von vornherein ein Ablaufdatum hat und beendet wird, sobald er seine Ziele erreicht hat.

In der ersten Zeit merken Sie das gar nicht, und so manche Frau denkt sich, jetzt, wo sie einen solch außergewöhnlichen Liebhaber gefunden hat, sollte sie ohne Not nicht mehr auf ihn verzichten. Das nutzt Mr. Bink natürlich aus.

Mr. Bink benutzt Sex, um Macht zu gewinnen und diese Macht dann schamlos auszunutzen.

Es heißt, im Krieg und beim Sex ist alles erlaubt. Stimmt, aber beim Sex sollte nur das erlaubt sein, was beiden gefällt.

Was beiden zusagt, was besprochen, ausprobiert und ins sexuelle Repertoire aufgenommen wird oder wieder fallen gelassen wird, bleibt immer im Ermessen und in der Entscheidung beider Partner.

Doch sobald der eine Mr. Bink heißt, werden sich die beiden über die Spielregeln nicht mehr auf Dauer gleichermaßen einig sein. Denn Mr. Bink wird zunehmend danach trachten, die Regeln zu bestimmen.

Hat der Sex mit einem Mr. Bink zu Anfang der Beziehung für die Frau vielleicht noch eine romantische bis leidenschaftliche Note, hat sie zu Anfang noch das Gefühl, dass ihr neuer Liebhaber mehr darauf achtet, ihr Vergnügen zu bereiten, als selber zu seinem eigenen zu kommen, kehrt sich dies im Laufe der Zeit um. Mr. Bink kann sich nicht lange verstellen und den uneigennützigen Liebhaber spielen.

Dann kommt seine wahre Natur zum Vorschein, und er beginnt, auch auf diesem Gebiet Überlegenheit zu demonstrieren und beherrschen zu wollen.

Und zunehmend lässt er seine eigene Lust und seine eigene Befriedigung in den Mittelpunkt rücken.

Eine der Frauen, mit denen ich über das Thema sprach, erzählte mir, dass sie so gar nicht damit umgehen konnte, wenn ihr Mr. Bink sich beim Sex mit ihr jedes Mal in einem großen Wandspiegel bei seinem Tun betrachtete.

Er probierte regelrecht Posen aus und platzierte seine Partnerin dabei immer so, dass er sein Spiegelbild am besten sehen konnte. Und sie stellte fest, dass er sich sogar im Spiegel zulächelte.

Irgendwann ging ihr auf, dass sie für ihn lediglich eine Requisite war und ihr eigenes Mitwirken bei dieser Inszenierung kaum nötig war.

Er war der Hauptdarsteller.
Und er hatte einen begeisterten Zuschauer.
Nämlich sich selbst.

Es musste ihm gefallen haben, was er da gesehen hatte, denn irgendwann verkündete er ihr, dass er es nur noch in dieser Stellung machen wolle. Ob es ihr passte, ob sie sich erniedrigt fühlte, interessierte ihn herzlich wenig.

Gerne benutzte mein Mr. Bink Sex auch als einfaches und wortkarges Mittel, um nach einem Streit ohne viele Worte die Wogen wieder zu glätten, so, als ob vorher nichts gewesen wäre. Sich auf diese Art wieder zu versöhnen mag ja grundsätzlich reizvoll sein, geschah bei Mr. Bink aber in einer Heftigkeit, die klarstellte, dass der vorherige Streit eigentlich nur mit anderen Mitteln fortgesetzt wurde.

Und zum Schluss war die Meinungsverschiedenheit nicht etwa ausgeräumt, aber Mr. Bink hatte mal wieder gezeigt, wer der Stärkere ist.

Doch immer hofft man als Frau, und auch mir ging es da nicht anders, dass diese lieblosen Attacken irgendwann ein Ende haben und die zärtliche Leidenschaft der ersten Zeit wieder zurückkommt, doch diese Hoffnung blieb eine solche.

Aus den Gesprächen mit anderen Bink-Opfern erfuhr ich auch, dass viele Mr. Binks offensichtlich eine ausgeprägte Neigung zu pornografischen Bildern haben. Da hatte ich auch so meine Erfahrungen gemacht.

Mein Mr. Bink nannte nämlich eine ganze Bibliothek voller einschlägiger Literatur sein Eigen. Er besaß reihenweise Anleitungsbücher, wie man eine Frau befriedigt, und pornografische Magazine und Bücher, bei denen ich keinen Schimmer hatte, wo man so etwas wohl zu kaufen bekommt.

Auf der Suche nach immer neuem Bildmaterial war mein Mr. Bink auch zum begeisterten Internetsurfer geworden. Er war zwar ansonsten nicht imstande, auch nur einen Brief auf dem Computer zu schreiben, hatte sich jedoch von jemandem, der sich auskannte, zeigen und aufschreiben lassen, wie man auf die diversen Sexseiten im Internet gelangte.

Und er hatte allein mindestens 20 Bildbände über das Thema „Vagina" bei sich herumliegen.

Er konnte stundenlang darin blättern und über die verschiedenen Formen und Größen mit sich selber fachsimpeln.

Er verstieg sich sogar zu der Behauptung, er könne die abgebildeten Vaginas den Frauen und Mädchen dieser Welt eindeutig zuordnen, auch ohne den dazugehörigen Körper oder das Gesicht zu sehen. Die hier gehört einer Japanerin, diese einer Spanierin, und das ist bestimmt eine Amerikanerin, musste ich mir anhören.

Wie er das unterscheiden wollte, ist mir bis heute schleierhaft. Und ich kenne keine Frau, die annähernde Fähigkeiten in Bezug auf Penisse von sich behauptete.

Aber heute hätte ich immerhin einen tollen Job für einen Experten wie ihn. Vor einiger Zeit traf ich eine Bekannte, die sporadisch als Model für Hotelprospekte arbeitete und mir die folgende Geschichte erzählte:

Sie war in ein ihr bis dahin unbekanntes Fotostudio zu einem Casting eingeladen worden. Da sie sich leicht verspätet hatte, entschuldigte sie sich bei der Empfangsdame im Foyer.

Diese meinte aber nur schulterzuckend, dass diese Verspätung heute gar kein Problem sei, denn die Herren Fotografen seien doch schon seit Stunden mit einem Schamlippen-Casting beschäftigt und noch immer nicht fertig.

Meine Bekannte glaubte zunächst an einen Scherz, doch es war keiner. Fluchtartig verließ sie das Studio.

Kein Wunder, fiel mir spontan ein, noch während sie die Geschichte zum Besten gab, dass das Schamlippen-Casting so lange gedauert hatte. Mein Mr. Bink, als der Experte schlechthin, wäre in der Lage gewesen, in kürzester Zeit die für den gewünschten Zweck geeigneten Mädchen auszusuchen! Aber wie konnten die Herren Fotografen ein Casting dieser Art machen, ohne ihn dazuzubitten?

Es lag sicher daran, dass die Leute in diesem Studio von dem einzig wahren Kenner der Materie und seiner Existenz noch nie etwas gehört hatten.

Ein Gedanke, der in den Gesprächen mit anderen Frauen aufkam, beschäftigt mich bis heute.

Wir alle stellten übereinstimmend fest, dass unsere Mr. Binks wohl ein gestörtes Verhältnis zu Frauen hatten, aber gleichzeitig auch keine Männerfreundschaften pflegten.

Und eine sprach die Frage aus: Kann es eigentlich sein, dass im Sexleben eines Mr. Bink auch schon mal ein Mann eine Rolle spielt, dass ein Großteil der Mr. Binks vielleicht bisexuell ist? Dass sie damit nicht zurechtkamen und ihren Hass auf Frauen dadurch auslebten, dass sie diese finanziell und sexuell ausnutzten?

Mir fehlt für die Beantwortung dieser Fragen leider das psychologische Grundwissen.

Ich kann nur eines mit Sicherheit sagen: Sobald ich merke, dass beim Sex mit meinem Partner das Gefühl abhanden kommt, beende ich die Beziehung lieber.

17 Mr. Bink - investieren, um sich zu refinanzieren

Ihr erfolgreichen, sehr gut betuchten Damen, Erbinnen und Geschäftsfrauen dieser Welt, gebt auf Euch und Euer Hab und Gut Acht!

Dies sollte jeder Frau ins Stammbuch geschrieben werden, deren Weg sich gerade mit dem eines Mr. Bink kreuzt.

Denn was wir leider alle viel zu spät erkennen: Mr. Bink ist zwar im Schenken und Verwöhnen ein wahrer Weltmeister, aber alles geschieht mit Planung und Berechnung.

Er verwöhnt mit Blumen, mit Pralinen (vor allem die von Leonidas), er schenkt Schmuck, kleine, aber feine Aufmerksamkeiten, wie zum Beispiel Kirschen zu einer Jahreszeit, wenn die Bäume eigentlich noch ohne Blätter sind, und so weiter und so fort.

Er verwöhnt mit, wie man meint, unglaublicher Großzügigkeit und hat bei allem, was er hingibt, einzig und alleine die Refinanzierung im Auge.

Seine eigene Refinanzierung, wohlgemerkt.

Wieso? Ganz einfach erklärt:

Er schenkt zum Beispiel einer Frau einen Lastwagen voller Pflanzen für ihren Garten, darauf spekulierend, dass dieser schöne Garten samt Haus ja irgendwann mal ihm gehört.

Gibt's nicht? Doch.

Die Rechnung ist doch ganz einfach:

Man investiert einen großen Betrag X, um nach einiger Zeit eine mehrfache Summe Z aus dem Unternehmen „Frau" erzielen zu können.

Wie das geht? Wieder ganz einfach.

Als ich meinem Mr. Bink kennen lernte, war er gerade von seiner Frau geschieden worden.

Er erzählte mir theatralisch, dass er ihr bei der Scheidung alles überlassen habe und daher in seinem kleinen Häuschen am See wohnen müsse. Er stellte sich dar, als sei er die Großzügigkeit in Person und wolle nur, dass es seiner Ex-Frau und seinen beiden Kindern in Zukunft an nichts fehle.

Wenn man so was von einem Mann hört, in den man sich gerade heftigst verliebt hat, ist man doch normalerweise glücklich. Man meint, dass er eben ein Mann mit Herz und Gefühl sei.

Ein Mann mit festen Prinzipien, von Ehre, ein Mann, dem man doch vertrauen kann.

Und dann bekommt man als seine neue Partnerin eine Flut von Geschenken. Wie gesagt, Schmuck, Blumen, Pralinen.

Und dann, nach Jahren, und dann, wenn man selbst schon wieder alles verloren hat, erfährt man von genau dieser Ex-Frau, dass ihr Mann bei der Scheidung Geld, Immobilien und Grundstücke bekommen hat und von „Ich habe meiner Ex alles gelassen und will meine Kinder versorgt wissen" in keiner Weise die Rede sein konnte.

Ich erfuhr durch Gespräche mit ihr, wie die Sache wirklich gewesen war, und ich bekam das ungute Gefühl, dass möglicherweise sogar die Schmuckstücke, die er mir anfänglich geschenkt hatte, vom Geld der Ex-Frau bezahlt wurden.

Tja, so simpel kann Großzügigkeit sein, wenn man andere dafür bluten lässt.

Auf die Immobilien, die nach der Scheidung in seinen Besitz übergegangen waren, hatte er neue Kredite aufgenommen, und somit konnte er in sein neues Leben mit mir investieren. Immobilien geben Sicherheit, sind die beste Wertanlage. Können eben belastet oder verkauft werden.

Und genau so war es dann letztendlich bei mir.

Auf mein Haus, das ich ihm überschrieben hatte, konnte er wiederum neue Kredite aufnehmen und die nächste Frau verwöhnen, konnte ihr wiederum viele Geschenke machen.

Und so weiter und so fort.

Alles, was er in mich jemals investiert hatte, kam auf dem Weg des Hausbesitzes doppelt und dreifach wieder an ihn zurück.

Eigentlich eine geniale Rechnung.

Wenn, ja, wenn da nicht auf der anderen Seite Gefühle, Leid und Schmerz, die Tilgung tragen müssten.

18 Die Holländerin, die Deutsche, die Engländerin und ich – der Club der Teufelinnen

Ich habe den Film „Der Club der Teufelinnen" sehr oft auf meinen Flugreisen gesehen und fand ihn immer sehr amüsant.

Dass dieser Film einmal in meinem Leben auch Bedeutung für mich haben sollte, konnte ich mir jedoch niemals vorstellen.

Und doch führte mir das Schicksal nach und nach Frauen zu, die im Lebensschauspiel meines Mr. Bink eine Rolle gespielt hatten. Mal eine kleinere, mal eine größere, mal auch eine Hauptrolle. Und wir alle hatten zu keinem Zeitpunkt gewusst, dass wir eigentlich alle die gleiche Rolle spielten.

Dies erfuhren wir erst, als das Leben uns mehr oder weniger geplant oder ungeplant zusammenführte.

Am erstauntesten jedoch war ich, als ich Mr. Binks Ex-Frau kennen lernte.

Nichts, aber rein gar nichts entsprach an dieser Frau dem Bild, das mein Mr. Bink mir von ihr in all den Jahren vermittelt hatte.

Mr. Binks Ex-Frau ist nämlich in Wahrheit eine sympathische, liebenswerte Frau, die unter dem Verhalten ihres Ehemannes jahrelang unsagbar gelitten hatte.

Die ebenso wie ich ständig für dumm erklärt und niedergemacht worden war.

Die sich eines Tages hatte anhören müssen, dass er eigentlich niemals Kinder hatte haben wollen. Dass zum Zeitpunkt seines Geständnisses die beiden Kinder mit am Tisch saßen, war ihm dabei gänzlich egal. Er fand es ohnehin an der Zeit, dass die beiden davon endlich Kenntnis bekämen.

Die nach der Scheidung mit ihm einen teuren und langwierigen Streit vor Gericht austragen musste. Mr. Bink hatte nämlich einen speziellen Passus in die Scheidungsvereinbarung einbauen lassen und es geschickt verstanden, sie so zu drangsalieren, so zu zermürben, dass sie eigentlich nur froh war über die anderen Punkte des Vertrages. Sie hatte gar nichts mehr hinterfragt, nichts mehr weiter hören wollen, als die finale Folge des Vertrages: endlich geschieden, endlich Frieden, endlich alleine. Sie war zu zerschlagen, sie wollte nur weg und unterschrieb den Vertrag, ohne groß zu lesen, was darin stand.

Hinterher, als diese sympathische Frau einen überaus netten neuen Mann kennen und lieben gelernt hatte und sehr gerne mit ihm zusammenleben wollte, stellte sie fest, dass sie ihr riesengroßes Haus leider nicht ohne weiteres verkaufen konnte.

Denn das wertvolle Anwesen war per Vertrag mit einem Vorkaufsrecht ihres Ex-Mannes belastet und wäre bei einer Verkaufsabsicht ihrerseits quasi für ein Butterbrot an Mr. Bink gefallen.

Alles, was Mr. Bink bei seinen verschiedenen Frauen getrieben hatte, war von ihm berechnet und geplant, nur, wir alle waren zwar beteiligt, ahnten aber nicht, wie er uns alle koordiniert hatte.

Doch nachdem wir Frauen uns kennen gelernt hatten, fügte sich plötzlich ein Steinchen zum anderen.

Wir stellten fest, dass einigen großen Geschenken an mich zeitgleich entsprechend hohe Abgänge vom Konto der Ex-Frau gegenüberstanden. Einige höhere Abhebungen blieben zunächst ungeklärt, aber das Puzzle füllte sich nach und nach.

Er finanzierte am Anfang sich und mich mit dem Geld seiner Ex-Frau, ohne dass sie oder ich es wussten. Er war durch die Scheidung von seiner Ex-Frau nicht so arm geworden, wie er immer behauptet hatte, sondern besaß hinterher mehr Immobilien als vorher. Sie hatte ihm einiges abgeben müssen.

Und weil das Leben ja auf lange Sicht immer gerecht ist, wenn man erst einmal durch die Hölle gegangen ist und sie überlebt hat, so kreuzten meine Wege und die von Mr. Binks Ex-Frau plötzlich und unerwartet die von jener Dame aus einer norddeutschen Großstadt, die neun Jahre seine Geliebte war, sowohl in der Zeit seiner Ehe als auch die längste Zeit während seiner Beziehung mit mir.

Und nun erfuhren seine Ex und ich, was er wann wie gemacht hatte, dass er zwar von Freitag bis Sonntag ein Leben an meiner Seite geführt hatte, denn von mir als seine Partnerin wusste die Langzeitgeliebte seltsamerweise, aber weder die Ex-Frau noch ich hatten in all den Jahren eine Ahnung von ihrer Existenz.

Die Ex-Frau erfuhr zwar während der Ehe von einigen seiner Kurzzeitaffären, doch war sie völlig erstaunt, wie ihr Ex-Mann ihr eine feste Geliebte über neun Jahre verheimlichen konnte, oder besser noch, wie er es anstellte, dass sie ihm nie dahinterkam.

Ebenso erging es mir.

Ich hatte zwar per Zufall von der Dame aus dem Norddeutschen erfahren, doch behauptete er ja auf Nachfrage, dass diese Liebesgeschichte längst vorbei sei, sogar vor meiner Zeit schon beendet worden war. Dass nur diese Dame nicht so gut damit klarkommen könne. Und dass all das mit unserer Beziehung rein gar nichts zu tun habe und er nur mich alleine lieben würde. Damit war ich zufrieden, denn das war es, was ich hören wollte.

Irgendwann hatte mir die norddeutsche Langzeitgeliebte sogar einen Brief geschrieben, in dem sie alle Treffen mit meinem Mr. Bink bei ihr oder in den diversen Hotels lückenlos aufgelistet hatte. Sie hatte mich damit dazu bringen wollen, mich von ihm zu trennen.

Als ich meinem Mr. Bink den Brief zeigte, riss er ihn sofort in hundert Fetzen und kehrte alles ins Gegenteil. Beschäftige Dich nicht mit so einem Unsinn, meinte er.

Die Frau sei manisch von ihm besessen, würde lügen, was das Zeug hält, und wenn ich ihm misstraute, dann könne er ja sofort die Beziehung beenden, denn das lasse er sich einfach nicht gefallen.

Wie zum Beweis griff er zum Telefon, rief die Dame in meinem Beisein an und brüllte ins Telefon, was sie sich dabei wohl denke und dass er in einer glücklichen Beziehung mit mir lebe. Sie solle solche Unverschämtheiten in Zukunft unterlassen.

Als er auflegte, sagte er mit zornigem Gesicht:

So, das war das einzige und letzte Mal, dass ich so einen Anruf tätige, entweder vertraust Du, oder Du bist mich ein für alle mal los.

Also glaubte ich, also vertraute ich.

Ich hatte ihn ja auch gar nicht beschuldigt, ich hatte ihm bloß den Brief gezeigt.

Und Jahre später, nach dem Zusammentreffen mit seinen anderen Frauen, musste ich auf einmal Dinge hören und Wahrheiten erkennen, die mir die Luft zum Atmen nahmen.

Wieso hatte ich das einfach nicht gesehen?
Wie konnte er dies vor mir verheimlichen?
Und vor allem:
Wieso habe ich ihm so blind vertraut?

Dabei war es für ihn letztlich bei mir so einfach.

Ich bin von meiner Erziehung her ein sehr ehrlicher und aufrichtiger Mensch. Also nehme ich, obwohl ich oftmals beruflich das Gegenteil erfahren musste, privat immer nur das Beste von einem Partner an.

Wenn die Grundlage einer Beziehung nicht Liebe, gegenseitiges Vertrauen und großer Respekt sind, sondern von vornherein nur Vorsicht und Misstrauen, lasse ich es lieber sein.

Denn vom Prinzip her bin ich kein Mensch, der einem anderen misstraut, und ich verlange dasselbe von einem Lebenspartner.

Deshalb war mein Vertrauen uferlos, und ich freute mich am Sonntag schon, wenn ich meinen Traummann dann am kommenden Freitag wiedersehen sollte.

In den Tagen dazwischen ging ich meinem Beruf nach. Ich moderierte, hatte täglich viele Stunden Aufzeichnung hinter mir und schaffte es doch, am Freitag, wenn mein Mr. Bink endlich ankam, wie aus dem Ei gepellt auszusehen, genauso wie er es mochte.

Das Haus war picobello aufgeräumt, mein Sohn war meist bis zum Abend bei einem Freund zum Spielen, damit wir die ersten gemeinsamen Stunden alleine und vor allem ungestört verbringen konnten, und im Garten blühten und gediehen seine mir geschenkten Pflanzen in vollster Pracht.

Das Leben war schön für mich.

Ich liebte, und ich meinte, ich würde geliebt, verwöhnt, begehrt. Aber Liebe macht blind.

Denn weil ich ja selbst von Montag früh bis Donnerstag spät mit meinem Beruf beschäftigt war, fiel mir nicht auf, dass mein Mr. Bink seinen so genannten Geschäften fast gar nicht nachging.

Er fuhr am Sonntagabend von meinem Haus weg und schnurstracks zu seiner Geliebten in diese nördliche Großstadt nach Deutschland. Ihr erzählte er dann, wie fürchterlich das Leben mit mir sei, wie anstrengend, und wie sehr er die herrlichen Tage und die Ruhe nun in ihren Armen genießen würde. Bei ihr blieb er dann bis Dienstag.

Mittwoch war sein Bürotag in seinem Haus am See. Da kamen ein betagter Buchhalter und eine Sekretärin, und das war sein einziger „Arbeitstag".

Denn die Donnerstage verbrachte er meist mit einer Sexgöttin aus England, die ihn, zu ihrer beider Vergnügen, dazu in seinem Haus am See besuchte. Manchmal trafen sie einander auch in einer Sauna zum gemeinsamen Aufguss.

Die englische Sexgöttin war der Grund, dass ich zu keiner Zeit einen Schlüssel zu seinem Haus hatte, aber er natürlich einen zu meinem.

Sie war auch der Grund dafür, dass auf einmal alle meine Bilder, die am Anfang unserer Beziehung bei ihm im Haus gestanden hatten, verschwunden waren.

Auf meine Frage hin meinte er nur, es gefalle ihm nicht so, wenn bei ihm private Bilder rumstünden, denn schließlich kämen ja hin und wieder Geschäftspartner in seine Räumlichkeiten. Hey, auch ins Schlafzimmer? Denn auch da waren alle Bilder, sogar die, die vorher an der Wand gehangen hatten, weg.

Und dies war auch der Grund, warum ich ihn all die Jahre an den Tagen, wo wir einander nicht sahen, nur am Handy erreichen konnte. Fast nie telefonierten wir von seinem Festnetz. Höchstens eben am Mittwoch. Wie auch, wenn er ja angeblich nicht zu Hause war!

Geschickt eingefädelt, sein Doppel- und Dreifachleben.

Und wenn ich ihn doch mal auf seinem Handy erreichte, dann meinte er, er sei beim Notar.

Immer?

Meine Güte, wie wichtig müssen die Unterschriften dieses Mannes doch sein! Dachte ich.

Ein anderes Mal gab er vor, viel zu müde für ein Gespräch zu sein, und wir würden einander dann schon alles erzählen, wenn er am Freitag zu mir käme. Außerdem stellte er manchmal ganz einfach fest, dass ihm ständiges Telefonieren ohnehin auf die Nerven ginge.

Verständnis und Vertrauen.

Nun ja, wenn man selbst nichts Böses im Schilde führt, fällt es einem halt auch nicht ein, Böses bei jemand anderem zu vermuten.

Und so kam es, dass erst Jahre später, als es eigentlich schon egal war, das so sorgsam geplante Drei-/ Vier-/Fünffachleben des Mr. Bink wie ein Kartenhaus in sich zusammenfiel.

Erst zu dem Zeitpunkt, als alle Protagonisten außer ihm am gleichen Tisch saßen.

Als gemeinsam ein Zeit-Weg-Diagramm gemacht wurde, als verglichen, abgestimmt und schließlich festgestellt wurde, dass wir alle nur ausgenutzt worden waren. Als jede von uns mit der schonungslosen Wahrheit konfrontiert wurde.

Und selbst jetzt vor kurzem noch, nach so langer Zeit, erfuhr ich von einem Techtelmechtel mit einer Kölnerin, die er ständig angerufen, zum Essen abgeholt und ihr weiß Gott was alles versprochen hatte.

Und das alles während der Jahre mit mir.

Aber ich weiß heute, sie war auch nur eine unter unendlich vielen. Genau wie ich. Er machte in seiner Eroberungswut vor kaum einer Frau Halt.

Als alle Fakten auf dem Tisch waren, ging es keiner von uns Frauen besser, stellten wir doch alle gleichzeitig fest, dass wir nur Opfer gewesen waren.

Und in diesem Moment habe ich mich entschlossen, das Buch über Mr. Bink zu schreiben.

Denn alle Frauen sollten erfahren:

Früher gingen die Männer aus der Höhle, um zu jagen, heute jedoch werden sie ganz einfach ein Mr. Bink, gaukeln Dir alles Mögliche vor und klauen Dir hinterher auch noch die Höhle.

19 Warum gerade erfolgreiche Frauen auf einen Mr. Bink hereinfallen

Viele Frauen haben es nicht leicht - was ihre Männer angeht. Erfolgreiche Frauen haben es anscheinend noch ein wenig schwerer.

Woche für Woche lesen wir in den bunten Blättern von den privaten Tragödien reicher und prominenter Frauen, egal ob Schauspielerin, Managerin, Fotomodell oder, ja, Fernsehmoderatorin.

So erfolgreich ihre Karriere verläuft, so erfreulich das Bankkonto anwächst, im Bereich Partnerschaft ist entweder gähnende Leere oder ständiges Bäumchen-wechsel-Dich angesagt.

Vor Miseren im Privaten schützen offenbar weder Geld noch tolles Aussehen noch schicke Kleidung, ganz im Gegenteil.

Man kann sich als Außenstehender, als Illustriertenleser, nicht vorstellen, wieso so bildhübsche Frauen wie Romy Schneider, Cathérine Deneuve, Sharon Stone, Nicole Kidman oder Jennifer Aniston solche Probleme mit Männern haben sollen. Und vor allem das eine Problem, nämlich den richtigen zu finden.

Romy Schneider zum Beispiel war der Inbegriff einer schönen Frau. Und doch hatte sie wenig Glück mit ihren Männern. Mit jedem neuen, so meinte man, wurde es noch schlimmer.

Sie tappte von einem Missgriff in den nächsten und blieb im Innersten immer dieses verletzliche Mädchen, so wie wir sie alle als Kaiserin Sissi lieben gelernt hatten. Sie erschien so fröhlich, so unbeschwert. Dabei war sie eine zutiefst traurige und verzweifelte Frau.

Die anderen Damen, allesamt Hollywood-Schönheiten, eine zauberhafter und begehrenswerter als die andere, haben aufregende Figuren, wohnen in palastartigen Villen, und trotzdem wurden sie von Männern betrogen und verlassen.

Oder vielleicht deswegen?

Was suchen solche Frauen, die Nacht für Nacht, manchmal auch tagsüber durch die Träume von Millionen Männern geistern? Oder die Frauen, die tagtäglich hart arbeiten, gutes Geld verdienen und sich gleichzeitig nach einem Partner sehnen? Den Supermann, den Millionär, mit blendendem Aussehen, muskelbepackt, mit schier unerschöpflicher Potenz ausgestattet, der jeden Tag Rosen auf ihre Villa regnen lässt?

Nein, in den meisten Fällen nicht. Sie suchen, genau wie es jede Frau tut, den Partner an ihrer Seite, dem sie vertrauen können, der ihr Leben, Freud und Leid, mit ihnen teilt, ihre Probleme mit ihnen bespricht, der da ist, wenn sie ihn brauchen, der sie in den Arm nimmt und sagt: Alles wird gut. Jemanden, der ihnen Liebe, Geborgenheit und Sicherheit gibt.

Aber leider gibt es da einige Probleme, einen solchen Mann zu finden.

Viele Männer, liebe, nette, grundehrliche Kerle, trauen sich erst gar nicht, eine Frau anzusprechen oder mit ihr auszugehen, die im Fernsehen auftritt. Sie glauben, dass sie unerreichbar ist. Schade!

Nächstes Problem: Nicht jeder Mann akzeptiert es, dass die Frau an seiner Seite beruflich erfolgreicher ist als er, mehr verdient als er, mehr beachtet wird als er. Viele Männer können damit nicht umgehen, stellen das aber manchmal erst nach einiger Zeit fest.

Mancher Mann stellt beim ersten Treffen im Haus der reichen, prominenten Frau fest, dass ihre Küche größer ist als seine ganze Wohnung. So passierte es einer Bekannten von mir. Sollte sie sich jetzt schämen, weil sie sich ein großes Haus leisten konnte und er nicht? Natürlich nicht! Aber nach kurzer Zeit war es wieder aus zwischen den beiden.

Natürlich soll der Mann möglichst die gleichen Lebensverhältnisse gewohnt sein. Und frei für eine Beziehung soll er auch noch sein. Diese Männer sind dünn gesät.

Und die meisten der erfolgreichen und / oder prominenten Frauen müssen ohnehin mit der Befürchtung leben, dass der Mann, der sich so um sie bemüht, mehr an Geld und Glamour interessiert ist. Dass er sie ganz anders sieht, als sie in Wirklichkeit sind.

Und dann kommt eines Tages jemand daher, der offensichtlich genau zu ihnen passt. Der charmant ist, höflich, weltgewandt, der sie verwöhnt. Den es nicht stört, dass sie erfolgreich sind, dass sie im Fernsehen auftreten. Der auf ihre Probleme und Wehwehchen eingeht. Der sich um Angelegenheiten kümmert, für die sie keine Zeit oder von denen sie keine Ahnung haben.

Der perfekt in das Bild passt, das sie sich von ihm gemacht haben.

Perfekt? Vorsicht! Kein Mann ist vollkommen perfekt, und wenn doch, dann stimmt etwas nicht. Dann kann es sein, dass er sich nur der Situation angepasst hat, um sein Spielchen zu treiben.

Dass es sich um einen Mr. Bink handelt, der nur vorgibt, die Frau zu lieben, in Wirklichkeit aber die Verhältnisse liebt, in denen sie lebt.

Und vor allem ihr Geld.

Mal dauert sein persönlicher Einsatz einige Jahre, mal nur einige Monate, aber er hat immer die besseren Karten in der Hand. Und kassiert zum Schluss den Jackpot.

20 Mr. Bink wird Hausbesitzer

Sie wollen also ein Hausbesitzer werden. Welche Möglichkeiten haben Sie da?

Richtig, Sie suchen ein Immobilienbüro auf, Sie informieren sich in Immobilienzeitschriften, Sie hören von Freunden und Bekannten, dass im Ort X diese oder jene Immobilie zum Verkauf steht, oder Sie bauen sich ein Haus.

Was macht aber ein Mr. Bink?

Er sucht sich eine Frau mit einer Immobilie. Und er nimmt sich Zeit.

Na gut, können Sie jetzt sagen, damit hat er doch das Haus noch nicht. Aber ein Bink wäre kein Bink, wenn er nicht zielgerichtet darauf hinarbeiten würde, diesem unerfreulichen Zustand ein Ende zu setzen.

Und wie soll das gehen?

Ebenso einfach für ihn wie leidvoll für sein Opfer.

Wie bei einem guten Kochrezept braucht Mr. Bink für diesen Plan zunächst einmal nur die richtigen Zutaten.

Man nehme:

1) Eine Frau mit Haus, die in einen Bink verliebt ist

2) Eine berufliche Krise bei der Frau, verbunden mit Existenzängsten

3) Einen Bink, der jener Frau erklärt, dass es für die gemeinsame Zukunft unabdinglich sei, dass sie ihm die Hälfte des Hauses verkauft, denn ansonsten würde sie unweigerlich in den finanziellen Ruin schlittern

4) Eine Frau, deren Probleme hiermit scheinbar gelöst wären

5) Eine Frau, die glaubt, dass ihr Mr. Bink endlich den großen, wichtigen Schritt zur privaten und wirtschaftlichen Zweisamkeit geht

6) Einen Bink, der genau in dem Moment schon weiß, wie die Sache weitergeht und wie sie für ihn bestens ausgeht

7) Einen Notarvertrag, der von Mr. Bink formuliert wurde

8) Einen Bink, einen Steuerberater, einen zweiten Steuerberater und die Frau

9) Eine Aufrechnungsliste

Zu Punkt 1): Eine Frau mit Haus, die in einen Bink verliebt ist:

Die hatte er.

Punkt 2) : Eine berufliche Krise bei der Frau, verbunden mit Existenzängsten

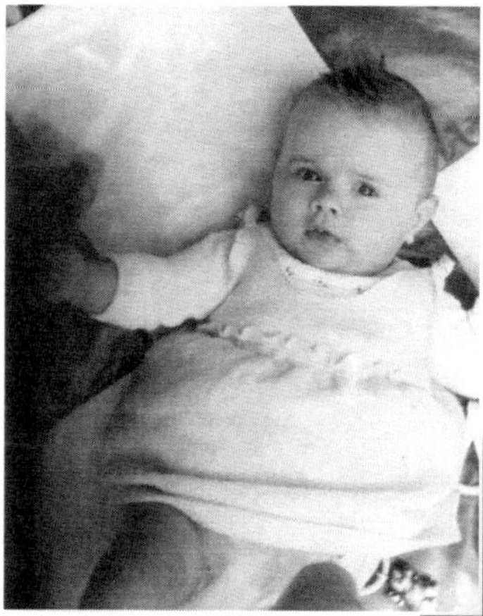

Baby Marijke

Mein Blick in die Welt
mit Kulleraugen

Als Blumenmädchen bei
der Hochzeit der Cousine

Mein erster Schultag

Mit Bruder und Schwester vor dem Fernsehapparat. Sicher dachte ich mir damals schon, hey, das kann ich besser!

Ein Rastplatz auf dem Weg nach Italien

Als Reiseleiterin im Amazonasgebiet

Mit meinem Sohn Kay
(4 Monate)

Mit Kay nach seinem ersten Schultag

Jahreswechsel mit meinem Sohn

Leider der allerletzte Tanz mit meinem Vater; kurze Zeit später starb er ganz plötzlich

Mein prachtvoller Garten

WWF-Club: Jürgen von der Lippe, Frank Laufenberg und ich an der heißen Strippe

Ich will 'nen Cowboy als Mann… ein lustiger Auftritt mit Rex Gildo

1985 mit Roland Kaiser: 5 Jahre WWF-Club

Jürgen von der Lippe und ich als komisches Seniorenpaar

Mike Krüger schielte auf mein Brötchen, aber er bekam nichts ab

Mit Alain Delon

Mit John James, dem Jeff aus dem Denver-Clan

Mit Johnny Logan

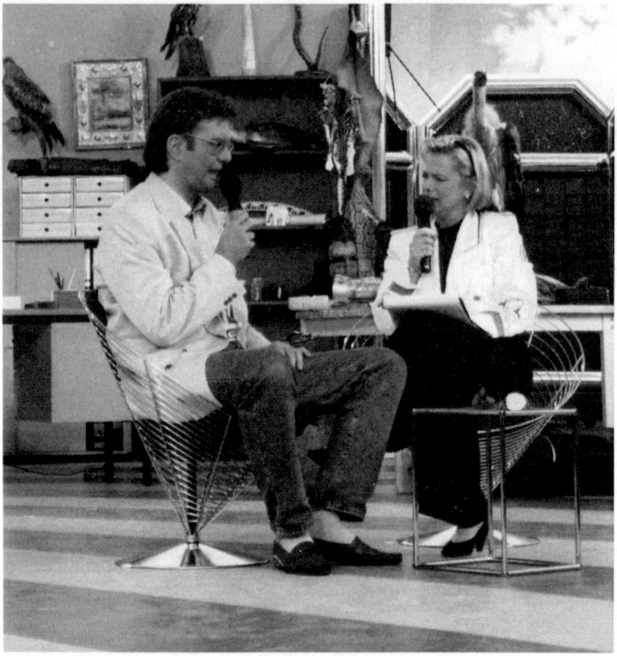

Ich war sein erstes weibliches TV-Gegenüber: Lustiges Interview mit Harald Schmidt

Rudolph Mooshammer mit gestylter „Hollywood-Daisy" und ich mit zerrupftem „Stranger-aus-dem-Wald"

Mit Peter Hofmann

Auch ich habe einmal in seiner Küche gestanden: Kochen mit Alfred Biolek

Meine „Mini Playback-Show"-Kinder

1994 Gründung des Kinderkrankenhauses und der Geburtsstation „Maternite" in Joal-Fadiouth in Senegal

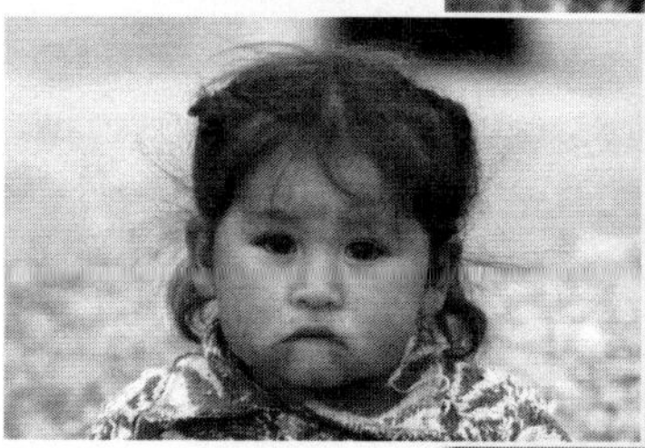

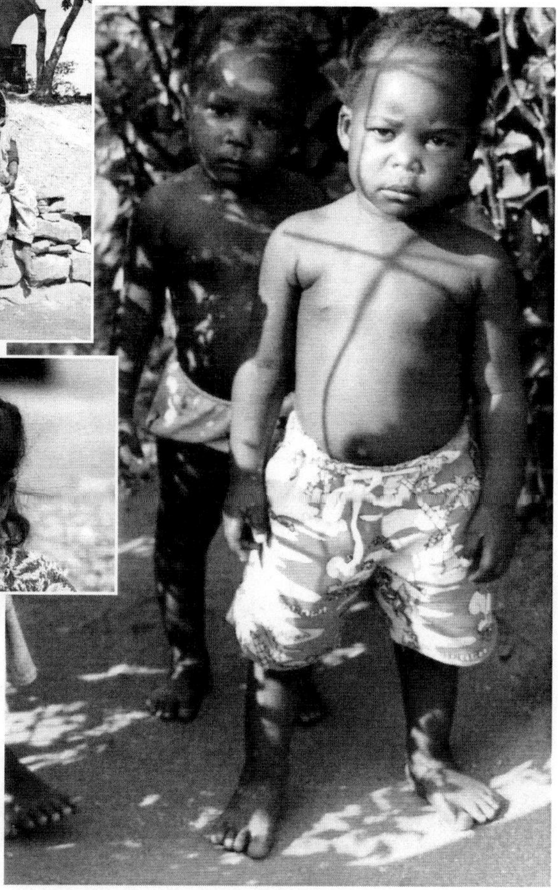

Diesen Kindern und vielen anderen will ich in Zukunft durch meine „Water for the World Foundation" helfen

Singen ist eine meiner großen Leidenschaften

Meine 3 Beschützer haben mich leider auch nicht vor Mr. Bink bewahrt

Die berufliche Krise kam bei mir, als eine meiner Sendungen von heute auf morgen von einer anderen, jüngeren Moderatorin übernommen wurde.

Ich selbst wurde nach über sieben Jahren Moderation und jedesmal mit bis zu über sieben Millionen Zuschauern ohne mein Wissen abgesetzt. Keiner hatte sich im Vorfeld mit mir hingesetzt und gemeint, dies oder das sollte eventuell anders sein.

Man setzte mich einfach ab, und ich erfuhr die niederschmetternde Nachricht fassungslos aus genau jener Tageszeitung, die ich im Flugzeug beim Heimflug von einer Sendung las. Wusste die Stewardess, die mir beim Einsteigen das Blatt in die Hand drückte, schon, was ich da lesen und erfahren würde? Bis heute weiß ich die Antwort auf diese Frage nicht. Wie eben auch nicht auf die nach dem Warum.

Wäre ich an dem Tag nicht geflogen, wo und wie hätte ich es dann erfahren?

Sofort nach der Landung rief ich meinen Vorgesetzten an und bat ihn um eine Erklärung, doch er verwies mich wiederum an seinen Vorgesetzten, den Sender-Höchsten.

Den erreichte ich erst Tage später auf seinem Handy, und er meinte, das sei halt jetzt so. Auf meine Einwände, dass doch alles bestens gelaufen sei und die Sendung doch hohe Einschaltquoten habe, meinte er bloß, das werde die Neue sicherlich auch zuwege bringen.

Kein Bedauern, keine Begründung, kein Dankeschön.

Es war ein richtiger Rausschmiss, eine Beerdigung Erster Klasse, und ich machte mir verständlicherweise Sorgen um meine Zukunft. Ich hatte noch Ersparnisse, aber von denen wollte ich nicht leben oder leben müssen, denn man weiß ja, wie schnell dieser Topf dann leer ist.

Plötzlich änderte sich alles, und ich lernte, wie trügerisch finanzielle Sicherheit sein konnte. Auch mein wunderschönes Haus war mir in dieser Situation zu groß. Ich nahm den Rechenstift und stellte eine Liste mit meinen monatlichen Ausgaben zusammen, überlegte, was davon unvermeidbar war und was weggelassen werden konnte. Ich dachte auch daran, das Haus zu verkaufen und mich kleiner zu setzen.

Aber zunächst entschied ich, meinen Mr. Bink zu bitten, sich doch in Zukunft nicht nur ins gemachte, perfekte Nest zu setzen, wenn er am Wochenende hier bei mir war, sondern sich doch künftig auch ein klein wenig an den Kosten zu beteiligen.

Der Innen-Pool musste nämlich aufwendig beheizt werden, weil er immer nur bei einer bestimmten Temperatur schwimmen wollte. Der Garten mit dem von Mr. Bink geschenkten Blumen- und Pflanzenreichtum war ohne einen Gärtner, der wöchentlich kam, nicht zu bewältigen.

Er, mein Mr. Bink, hatte ja nie einen einzigen Handstreich in meinem Haus gemacht. Im Gegenteil, wenn er dann am Wochenende sein Nichtstun gemütlich auf der Gartenliege fortsetzte und dabei sah, dass noch diese oder jene Verbesserung am Haus gemacht werden könnte, bestellte er mal den, mal jenen Handwerker, der dann, während er die nächsten Tage unterwegs war, die Arbeiten erledigte und mir als Hausbesitzerin entweder die Rechnung in die Hand drückte oder mir gleich das Geld abknöpfte. Alles wurde eben nur von mir alleine bezahlt.

Deshalb traf Punkt 3) – Einen Bink, der jener Frau erklärt, dass es für die gemeinsame Zukunft unabdinglich sei, dass sie ihm die Hälfte des Hauses zum Kauf überschreibt, denn ansonsten würde sie unweigerlich in den finanziellen Ruin schlittern – mitten ins Schwarze.

Der Kandidat hat 100 Punkte, hieß es seinerzeit bei Lou van Burg. Genauso ein Treffer war der folgende Vorschlag meines Mr. Bink.

Also, Marijke, leitete er den Angriff ein, jetzt, wo Du doch kein regelmäßiges Einkommen mehr hast, wirst Du über kurz oder lang pleite sein. Lass Dir das von mir sagen. Du brauchst Cashflow.

Dringend.

Mir fielen die holländischen Tomaten, die ich in diesem Moment in meiner Küche für einen leckeren Salat zubereiten wollte, förmlich einzeln aus der Hand.

Was, bitte, sagst Du da?

Wieso machst Du mir solche Angst?

Umso mehr, als ich ohnehin schon schlaflose Nächte habe vor lauter Sorgen.

Statt mich tröstend in den Arm zu nehmen, schüttete mein Mr. Bink noch mehr Öl in mein inneres Flammenmeer.

Und dann rückte er heraus:

Ich habe da folgende Idee: Also, ich kaufe Dir die Hälfte Deines Hauses ab. Dann hast Du wieder Geld, und wir teilen uns ab dann die Kosten des Hauses.

Mit allem hatte ich gerechnet, doch mit dem nicht.

Lass' mich darüber nachdenken, bat ich ihn. Doch bereits am nächsten Morgen stimmte ich dem Plan zu. Was blieb auch viel anderes übrig?

Somit war Punkt 4) - Eine Frau, deren Probleme hiermit scheinbar gelöst wären - von der Liste abzuhaken.

All meine Sorgen, meine Ängste schienen sich in Luft aufzulösen. Ich hätte wieder Bares.

Bei Punkt 5) - Eine Frau, die glaubt, dass ihr Mr. Bink endlich den großen, wichtigen Schritt zur privaten und wirtschaftlichen Zweisamkeit geht - gingen dann scheinbar endlich seine Pläne und meine in die gleiche Richtung.

Ich jubelte innerlich.

Endlich zieht er für immer bei mir ein!
Endlich plant er unsere gemeinsame Zukunft! Nicht mehr nur diese zwei, drei Tage am Wochenende. Dachte ich glücklich.

Ist ja im Übrigen auch wirklich das einzig Richtige. Dachte ich noch immer glücklich.

Er schilderte aber auch alles genauso, wie ich es in dem Moment hören wollte. Ach, wir haben jetzt diese Immobilie gemeinsam, wird sie uns im Alter dann mal zu groß, dann verkaufen wir sie und ziehen in eine Dachterrassenwohnung in die Stadt. So zeichnete er unsere Zukunftsperspektiven.

Ja, genauso will ich es auch haben. Dachte ich unendlich glücklich.

Punkt 6) - Einen Bink, der genau weiß, wie die Sache weitergeht und wie sie für ihn bestens ausgeht - fand dann leider unter Ausschluss meiner Person statt.

Dies waren allein seine Gedanken, seine Pläne, die ich erst viel, viel später knallhart erfahren musste und von denen ich mir damals nicht vorstellen konnte, wie jemand auf die Idee kommt, sie auszuhecken.

Sein eigentlicher Plan, vor dem Angebot des halben Hauskaufs, kam dank meiner beiden Freundinnen Annemarie und Monny nicht zur Ausführung.

Ich solle doch meine Lebensversicherung zu Geld machen, meinte mein Mr. Bink und fand diesen Vorschlag großartig.

Meine Freundinnen mussten einige Tage und Nächte auf mich einreden, um mich von diesem Vorhaben abzubringen. Ich solle doch an die finanzielle Sicherheit für meinen Sohn denken, mahnten sie, und das überzeugte mich schließlich, die Finger von meiner Police zu lassen.

So schmiedete mein Mr. Bink halt den Plan mit dem Haushälfte-Kauf und es kam Punkt 7) - Ein Notarvertrag, der von Mr. Bink formuliert wurde - auf mich zu.

Tagelang hatte mein Mr. Bink vorher noch an dem Kaufvertrag herumgefeilt. Dieser Passus wurde noch mit hineingenommen, der andere wieder heraus.

Ich überließ ihm das, denn er war ja schließlich nicht nur mein Lebenspartner, sondern auch noch Immobilienfachmann. Und jetzt kamen alle seine „Experten" ins Spiel. In ein Spiel, dessen Regeln er bestimmte und in dem ich keinen einzigen Trumpf haben sollte.

Nachdem er ausgerechnet bei meinem damaligen Immobilienmakler ein um 30 Prozent günstigeres Gutachten von meinem Haus hatte erstellen lassen (Ach, könnten Sie so freundlich sein, für Marijke ein etwas niedrigeres Gutachten auszustellen, sie braucht es fürs Finanzamt, sie ist in Terminen, lässt Sie aber grüßen und dankt Ihnen schon jetzt), einigten mein Mr. Bink und ich uns auf eine Summe X, die er für seine Hälfte am Haus an mich zu zahlen hätte.

Ich wunderte mich sehr, wieso der Wert meines Hauses, seit ich es gekauft hatte, gefallen sein sollte, doch mein Mr. Bink beruhigte mich, das sei schon richtig so.

Erst viel später, zu spät, traf ich den Makler zufällig wieder, der mich zu meiner Verblüffung fragte, ob es mit dem „Gefälligkeitsgutachten" damals alles so seine Richtigkeit gehabt hätte!

Wie gesagt, die Summe X wurde festgelegt.

Aber ich hatte die Rechnung ohne meinen Mr. Bink gemacht oder, besser gesagt, er machte seine Rechnung, aber ohne mich.

Für die nachfolgende Schilderung und zum besseren Verstehen nehme ich der Einfachheit halber Zahlen, die mit dem tatsächlichen Wert des Hauses und dem Inhalt des Vertrages absolut nichts zu tun haben.

Nehmen wir einmal an, mein Haus hätte damals einen Wert von 900.000,– € gehabt.

Die Hälfte davon sind, ja, ganz richtig, 450.000,– €. Das getürkte Gutachten war jedoch auf 600.000,– € ausgestellt. Geeinigt haben wir uns deswegen auf 300.000,– € für die Hälfte meines Hauses.

Da ich seinerzeit nicht nur ein Haus, sondern ein Haus mit einer GmbH gekauft hatte, bedeutete das, dass ich von dem jetzigen Kaufpreis Steuern zu zahlen hatte.

Mein Mr. Bink eröffnete mir daraufhin rundheraus, dass er als Käufer der Haushälfte mit diesen Steuern nichts zu tun habe, diese hätte ich in voller Höhe zu zahlen.

Er setzte aber feierlich hinzu, dass er zum Ausgleich für mindestens 100.000,– € Umbauten tätigen werde.

Umbauten? Hallo, was sollte denn für diese horrende Summe umgebaut werden?

Alles war auf dem neuesten und besten Stand, und es waren ohnehin ständig die Handwerker in meinem Haus. Und doch, durch seine in rosaroten Farben geschilderten Zukunftspläne, durch seine so charmante Art und durch meine in eine völlig falsche Richtung steuernden Hormone schaffte er es, mich zur Unterzeichnung des Vertrages zu überreden.

Noch dazu, wo mein Mr. Bink schon jetzt genaue Vorstellungen von seinen umfangreichen Umbau- und Erweiterungsplänen hatte und wortreich davon schwärmte - aber leider nur mündlich.

Alles wird ganz wunderbar ab jetzt, dachte ich.

Und doch war die Rechnung, als wir das Notariat verließen, plötzlich eine ganz andere.

Aus den 300.000,- € waren beunruhigende 150.000,- € geworden, denn ich deckte den noch offenen Kreditbetrag zur Gänze ab, weil mein Mr. Bink ganz plötzlich keinen Anteil an einer Immobilie erwerben wollte, auf der eine Hypothek lastete. Und ich musste 75.000,- € ans Finanzamt zahlen.

Aber wir hatten ja jetzt gemeinsam ein Haus.

Stimmt, ein Haus, aber kein Zuhause!

Denn wenn ich vorher geglaubt hatte - siehe Punkt 5) -, dieser Deal würde sich positiv auf unser gemeinschaftliches Leben auswirken, so war leider das Gegenteil der Fall.

Fortan pflegte er noch intensiver unser LAT-Leben - Living apart together, das gleiche Leben wie vorher. Mein Mr. Bink kam am Donnerstagabend oder erst am Freitagnachmittag, manchmal blieb er eigenartigerweise auch ganze zwei Wochen weg, angeblich um unaufschiebbare Auslandsgeschäfte zu erledigen, und wenn er dann wieder auftauchte, war scheinbar alles eigentlich wie immer, oder auch doch nicht.

Denn es wurde niemals in die Tat umgesetzt, wovon er bei der Vertragsunterzeichnung so geschwärmt hatte.

Mein Mr. Bink machte keinerlei Umbauten, Anbauten, Zubauten, egal was auch immer, alles blieb in der Planungsphase stecken. Er hatte die tollsten Ideen, holte Kostenvoranschläge ein, mal für dies, mal für das, und doch waren plötzlich absolut keine Handwerker mehr im Haus zu sehen. Als ich ihn darauf ansprach, meinte er, es sei doch sowieso alles in Planung, ob ich denn das etwa noch nicht gesehen hätte.

Aber etwas geschah, was so nie vereinbart worden war und an das ich im Traum nie gedacht hätte.

Ich hatte in meinem Haus eine traumhafte, sehr teure Glastürenanlage als Trennung zwischen der Eingangshalle und dem Wohnbereich. Jeder Besucher war von dieser Türe völlig begeistert, und ich natürlich auch.

Diese wertvolle Glastüre fiel den angekündigten „Umbauarbeiten" meines Mr. Bink als Erstes zum Opfer. Er ließ sie kurzerhand ausbauen und erklärte, dass er sie in einer seiner eigenen Immobilien brauche, und bei mir sei doch ein freier Durchgang ohnehin viel schöner und passender.

Dies habe er mir schon die ganze Zeit sagen wollen, aber jetzt sei er ja Mitbesitzer und könne mitentscheiden.

Mitentscheiden? Die Tür kam raus aus dem Haus, bevor ich auch nur ein Wort hatte sagen können, und sie kam nie mehr rein, auch keine andere Türe, und auch nichts anderes wurde geplant, gebaut, verändert.

Es dauerte nicht mehr allzu lange, bis Punkt 8) zur Ausführung kam: Ein Bink, ein Steuerberater, ein zweiter Steuerberater und die Frau.

21 Die Aufrechnungsliste

Es gehört bei einem Hauskauf natürlich auch dazu, sich ernsthafte Gedanken über die Finanzierung zu machen.

Entweder man hat genügend Barmittel und kann das Haus mit eigenem Geld bezahlen, oder man muss eine Bankfinanzierung in Erwägung ziehen.

Anzahlung mit Bargeld und Restfinanzierung, das ist ebenfalls eine beliebte Methode, an ein eigenes Heim zu kommen.

Oder man macht es einfach, wie mein Mr. Bink es geplant hatte, um auch die zweite Hälfte unseres nun gemeinsamen Hauses zu erstehen.

Ich bin sicher, Sie haben an eine solche Lösung für ein finanzielles Problem noch nie gedacht, aber mein Mr. Bink hatte in seinem Erfindungs- und Ideenreichtum diesen für ihn so genialen Einfall.

Ach ja, Punkt 8) tritt auf den Plan: Ein Bink, ein Steuerberater, ein zweiter Steuerberater und die Frau

Auch hierzu braucht es aber wieder einige zusätzliche Zutaten, von denen aber einige schon vorbereitet waren:

A) die Hälfte eines Hauses, die Mr. Bink schon hat

B) die zweite Haushälfte, die er gerne hätte

C) keine Barmittel für Punkt B)

D) eine Frau, die eigentlich gar nicht daran denkt, auch die zweite Hälfte des Hauses zu veräußern

E) eine ausdauernde und langfristige Planung

F) den eigenen Steuerberater, möglichst ohne Skrupel

G) eine Ausgabenliste

H) eine Frau, die offensichtlich für komplett dämlich gehalten wird

I) einen zweiten Steuerberater, nämlich den der Frau

Ich denke, auf A bis D brauche ich nicht mehr näher einzugehen, doch ab Punkt E) bedarf die Angelegenheit einer ausführlichen Erklärung.

Es gibt ja viele Menschen, vor allem Hausfrauen, die ein Haushaltsbuch führen. Dies hat den Vorteil, dass man immer die totale Übersicht hat und genau weiß, wie viel Geld für dies oder das gezahlt wurden oder welche Kosten im nächsten Jahr fix einzuplanen sind.

Ich selber hatte in all den Jahren immer ziemlich genau gewusst, was ich Monat für Monat zum Leben brauchte, und mir so ein Haushaltsbuch zu führen erspart.

Ich machte es aber genauso, wie meine Großmutter es mir beibrachte. Kind, sagte sie immer, gib' am Ersten jeden Monats das, was Du zum Essen und Trinken brauchst, sowie ein Taschengeld sowohl für Dich als auch Dein Kind in eine Schatulle. Lass' es nicht auf dem Konto, sondern gib es da rein.

Du kannst mit einem Blick sehen, wann der Boden der Schatulle durchkommt, dann musst Du Dich für den Rest des Monats strecken. So lernt man das richtige Einteilen, meinte sie.

So lernt man das richtige Einteilen, und ich versuche diese Weisheit auch an meinen Sohn weiterzugeben. (Bis heute hat's leider nicht geklappt.)

Doch mein Mr. Bink hatte einen viel genialeren Plan. Dieser muss aber sehr, sehr viel Zeit erfordert haben, und ich fragte mich danach oft, wo er die abgezweigt hatte.

Er hatte nämlich während unserer Beziehung angebliche Ausgaben, die mich und ihn, mich alleine, alle Urlaube, Kreuzfahrten, meinen Sohn, das Haus, den Garten, Handwerker etc. betrafen, penibel genau aufgelistet.

Ich hätte, wäre es jemals notwendig gewesen, anhand dieser minutiös geführten Listen immer ein perfektes Alibi gehabt, denn mein Mr. Bink hatte auch Ort, Datum und Uhrzeit jeder Ausgabe dazu vermerkt. Es fehlten nur die jeweiligen Wetterverhältnisse.

Ich hatte keinerlei Ahnung, dass mein Mr. Bink solche Listen führte, und war völlig arglos, als er mir eines Morgens eröffnete, dass am Nachmittag sein Steuerberater vorbeikäme.

Ach, schön, dass ich den auch mal kennen lerne, meinte ich noch immer völlig arglos.

Das wird ihn sicher freuen, aber bitte, Marijke, lade auch Deinen eigenen Steuerberater mit ein zu diesem Termin.

Wieso?

Na, das würde ich schon am Nachmittag erfahren.

Mein Steuerberater musste einige Termine verschieben, versprach mir aber, auf jeden Fall zu kommen. Auch er fragte mich nach dem Grund, aber den kannte ich ja zu diesem Zeitpunkt selbst noch nicht.

Auf den wahren Grund wäre ich ohnehin nicht gekommen.

Es kamen nun nacheinander sein und mein Steuerberater zu uns ins Haus, und nach einem kurzen Smalltalk kam man zum Grund des Treffens. Sein Steuerberater zückte eine mehrseitige Liste und hielt sie mir unter die Nase. Ich wusste damit rein gar nichts anzufangen und reichte sie an meinen Berater weiter.

Ungläubig starrte ich meinen Mr. Bink an.

Was sollte das? Wofür brauchten wir jetzt diese Liste?

Er grinste breit, tat grade so, als sei diese Aktion nun wirklich das Normalste und Selbstverständlichste der Welt, und ließ meinen Steuerberater nach Worten suchen.

Wie er diese Liste denn zu verstehen habe, fragte dieser.

Tja, meinte nun sein Kollege, dies seien alle Ausgaben und Kosten, die Frau Amado in den Jahren der Beziehung zu seinem Mandanten verursacht habe.

Verursacht?
Hörte ich richtig?
Träumte ich, würde ich gleich wach werden und mich freuen, dass alles bloß ein übler Traum war?

Nein, jetzt hatte ich's. Es war die versteckte Kamera!

Warteten Kurt Felix und Paola im Nebenzimmer und kringelten sich schon vor Lachen?

Nein, ich saß in meinem weihnachtlich geschmückten Wohnzimmer, und der Raum begann sich zu drehen.

Es war kurz vor dem Heiligen Abend, und statt eines Geschenks oder eben Weihnachtsfriedens bekam ich eine Liste. Eine unglaubliche Liste.

Wir waren bei Punkt 9) angelangt: Eine Aufrechnungsliste.

Ich riss sie meinem Steuerberater förmlich aus den Händen und begann zu lesen, um dann noch weniger zu verstehen.

Blumen bei Gala Neuss für Frau X 100,– €

Pralinen für Golfturnier in Y 250,– €
(damit er bei den Damen gleich den Big Spender raushängen lassen konnte)

Karten für Konzert in Z 420,– €

Salz gesamt 15,– €

Versicherung Auto 1.200,– €

Blumen bei Golfturnier für Damen 2.500,– €
(Spinn' ich? Hallo, das waren doch genau die, die Du während meines Auftritts dort unnötigerweise ausgeteilt hast und für mich vergessen hast!!!!!! Wieso sind das verdammt noch mal Kosten, die ich verursacht habe?)

Geschenke Golfturnier 450,– €

Hund einschläfern 500,– €

Versicherung hier, Versicherung da

Mastercard 35.000,– €

Eurocard 31.900,– €

Diners Club 26.400,– €
(hallo, das ist doch ohnehin meine Kreditkarte, Du hast doch gar keine Diners!)
Visa 14.400,– €

Gärtner monatlich (hallo, den bezahle doch nur ich)	620,- €
Geschenkpapier	20,- €
Kleid Marijke Köln	2.000,- €
usw. usw.	

Ich konnte nicht fassen, was ich hier las, und irgendwann kam ich zum letzten Blatt, auf dem eine Summe stand.

Eine Summe von 370.029,- €

Wie bitte, was bitte?

Was ich auch noch sah, war, dass der letzte Posten auf der Liste ein Betrag von 94.000,- € war.

Was stand da dabei?

Putzfrau	94.000,- €

Wo hatte die gearbeitet? Im Buckingham-Palast?

Ich hatte jedenfalls bis jetzt immer alles Personal selbst bezahlt.

Es war nur ein Füllposten, um auf die Gesamtsumme zu kommen! Es hätte genauso gut Helikopter-Ankauf oder Reise zum Mond neben diesem Betrag stehen können.

Was fiel ihm ein, so einen Schwachsinn zu addieren?

Ich hielt die Blätter noch immer in meiner Hand, und dann sah ich eine gepunktete Linie, unter der mein Name mit Schreibmaschine geschrieben stand und ein offenes Datum.

Und darunter stand, dass ich eben bei meinem Mr. Bink mit dieser Summe (370.029,- €) in der Kreide stünde, und wenn ich hier unterschriebe, ich von einem Moment zum anderen schuldenfrei sei, weil ich ihm doch mit meiner Unterschrift gleichzeitig auch die zweite Hälfte meines Hauses übertragen hätte.

Es wäre nämlich exakt die Summe für die andere Hälfte meines Hauses.

Hallo, Kurt Felix, hallo, Paola, wo seid Ihr? Jetzt war spätestens der Moment gekommen, wo Kurt Felix hätte erscheinen müssen. Doch der ließ mich im Stich.

Die ganze Sache war leider bitterer Ernst.

Und Sie sehen, so könnte man sich auch ein Haus finanzieren, wenn, ja, wenn der andere auf den Kopf gefallen wäre.

Dass ich diese Liste niemals unterschrieb und fassungslos war und blieb, kann man sich sicher vorstellen. Dies war der eine Tropfen, der das berühmte Fass zum Überlaufen brachte. Ich verstand die Welt nicht mehr und schon gar nicht den Mann, den ich doch liebte.

Als die Herren Steuerberater wieder weg waren, fragte ich Mr. Bink, ob ihn denn alle guten Geister verlassen hätten.

Ich fragte ihn, was ihm eingefallen sei, zu einem so persönlichen Gespräch diese beiden Herren mit hinzuzuholen und ob er sich nicht schämen würde. Dass ich so eine Behandlung doch bei Gott niemals verdient hätte.

Doch was machte er?

Er stellte sich in voller Größe vor mich hin, schüttelte seinen Kopf und sagte: Du hast mal wieder nichts kapiert. Du bist einfach zu blöd, um zu verstehen, worum es hier geht. Aber ich bin es Leid, Dir immer alles zu erklären.

Lass mich doch einfach nur in Ruhe.

Er glaubte wohl, mich damit mürbe machen zu können, doch diesmal biss er auf Granit.

Nie und nimmer würde ich diese Liste unterschreiben, und niemals würde er mit so einer Frechheit durchkommen. Nichts auf der Liste entsprach den Tatsachen, dass ich ihm Geld schulden sollte. Noch immer war mir schleierhaft, welch krankes Gehirn sich so was ausdenken konnte.

Wenn die Umstände nicht so traurig gewesen wären, man hätte sich schief lachen können ob der Dreistigkeit.

Man stelle sich vor: Er spielt sich als Rosenkavalier auf, verteilt 200 Rosen im Saal, macht sich wichtig und präsentiert mir dann die Rechnung!

Wer, bitteschön, war denn auf diese Idee mit den Blumen gekommen?

Seine Geschenke für die Gastgeberin bei dieser oder jener Einladung. Seine Präsente bei Golfturnieren, seine Pralinengeschenkorgien an andere Frauen sollte nun ich in Rechnung gestellt bekommen?

Ich hatte nie eine Liste geführt!

Ich habe festgestellt, dass ungeheure Positionen zur Addition standen. Ich verstehe bis heute nicht, wie er das alles aufschreiben konnte.

Ich tue es Ihnen und mir nicht an, hier an dieser Stelle alle einzelnen Posten aufzuführen. Sie können versichert sein, dass sich die Liste so fortsetzte, wie sie begann.

Und dass ich von dem Mann, dem ich vertraut hatte, widerlich abgezockt werden sollte.

75.000,- € hatte ich ja schon für mein 900.000-€-Haus bekommen, und nun sollte ich den Rest für die ganze Zeit unserer Beziehung eintauschen.

Wer, bitte, kommt auf so eine perfide Idee?

22 Mr. Bink in der Sauna (Wie oft kann ein Mann einen Aufguss haben?)

Wahrscheinlich wird für mich eine Frage für ewig unbeantwortet bleiben.

Nämlich die:

Wieso schleppte mein Mr. Bink bloß so viele Klamotten mit an Bord eines Kreuzfahrtschiffes, mit in ein Hotel, mit auf Kurzreisen, wenn er dort ohnehin die meiste Zeit in der Sauna verbrachte?

Gut, Sie wissen es auch nicht.

Von irgendeinem Arzt oder aus irgendeiner Zeitung hatte sich mein Mr. Bink die Information geholt, dass so eine Sauna das beste Entgiftungszentrum der Welt sei.

Das Beste für den Körper. Zur Immunisierung. Zur Krankheitsabwehr.

Nun, dagegen ist ja grundsätzlich nichts einzuwenden. Wenn jemand zweimal, dreimal in der Woche in die Sauna geht, dient es der Gesundheit, das weiß man. Aber wenn die Begeisterung für Saunagänge so groß ist, dass sich diese täglich über mehrere

Stunden ausdehnen, dann ist das übertrieben, und es kommt der Verdacht auf, dass etwas anderes dahintersteckt. Mein Mr. Bink übertrieb es ganz deutlich, wie ich feststellen musste.

So ein Wellness-Wochenende ist doch eigentlich was richtig Feines. Dachte ich.

Man fährt für ein, zwei Tage oder ein verlängertes Wochenende in ein schönes Hotel und lässt sich in der Kosmetikabteilung nach Strich und Faden verwöhnen.

Gesichtspackungen, Peelings, Ayurveda-Behandlungen, Massage, Maniküre, Pediküre, ach, wie herrlich entspannend ist all das nach anstrengenden Arbeitswochen. Am Abend dann ein romantisches Dinner.

Mein Mr. Bink und ich leisteten uns in den ersten Jahren unserer Beziehung hin und wieder mit Begeisterung so ein Verwöhnprogramm.

Ich buchte immer das volle Angebot aus den Bereichen Massage und Kosmetik. Mein Mr. Bink ließ höchstens eine Massage über sich ergehen, dann verschwand er für den Rest des Aufenthalts in der Sauna.

Sechs, sieben, acht Aufgüsse pro Tag waren bei ihm völlig normal. Manchmal auch noch mehr. Immer betonte er, wie gut ihm das täte.

Auch ich hatte in früheren Zeiten in Hotels gerne die Sauna besucht. Doch je bekannter ich durch meine Fernsehsendung wurde, umso häufiger wurde ich dort, wo ich eigentlich Ruhe und Entspannung suchte, von wildfremden Leuten angesprochen. Ach, gehen Sie jetzt auch in die Sauna, hieß es, und: Ach, Sie sind doch die Amado, die mit dem Zaubertunnel. Irgendwann mied ich deswegen öffentliche Saunabesuche und ging höchstens noch zu Hause in meine eigene Sauna.

Nicht so mein Mr. Bink. Und irgendwann kam ich dahinter.

Mein Mr. Bink hatte ein neues Terrain gefunden. Er wollte offensichtlich bei der Suche nach neuem Frauenmaterial keine unnötige Zeit vergeuden.

Musste er sich bei einer Galaveranstaltung noch vorstellen, wie das Objekt seiner Begierde denn wohl unter der Abendrobe aussehen mochte, so fiel diese seinen beurteilenden Blick hindernde Barriere in der Sauna von vornherein weg.

Hier sah er sofort, was er sehen wollte.

Er sah, ob eine Frau die Art von Haut hatte, die er so gerne einölte, ob die Brüste auch genau so waren, wie sie ihn anregten und erregten.

Und er konnte einer Frau, von der er herausgefunden hatte, dass sie gut betucht war, schmeichelhafte Dinge über ihren Körper sagen, erzählen, wie toll er sie fand - nackt, wie Gott sie geschaffen hatte.

Dabei störte ihn dann nicht, ob sie älter war als er, mit 20 Pfund Übergewicht gesegnet oder ansonsten den einen oder anderen Schönheitsmangel aufwies.

Nein, er machte ihr Komplimente über die Beine, die Hüften, den Rücken, den Po, dass man meinte, es säße ihm mindestens Cindy Crawford gegenüber.

Mancher Frau hätte er auf der Straße wahrscheinlich nicht einmal hinterhergeschaut, aber die Nacktheit in der Sauna machte ihn offenbar an.

Sie fragen, woher ich das alles weiß, wo ich doch nie mit ihm zusammen in eine öffentliche Sauna gegangen war?

Ich habe diese Geschichten von einer jungen Frau erfahren, die während unserer letzten gemeinsamen Kreuzfahrt von Dubai nach Monte Carlo mit uns auf dem Schiff war.

Sie war mir sehr sympathisch, und ich schlug ihr vor, einander doch auch nach der Schiffsreise mal zu treffen, damit sie mir mehr über ihren wirklich interessanten Beruf berichten könnte. Sie versprach, nach dieser Reise zu mir in mein Haus zu kommen. Als sie dann in meiner vertrauten Umgebung war, druckste sie erst ein wenig herum und meinte dann verlegen, dass sie mir etwas erzählen müsse, was ich möglicherweise so gar nicht hören wollte.

Ich spürte sofort, dass es irgendetwas Unangenehmes war, das mit meinem Mr. Bink zu tun hatte, überlegte, ob ich es überhaupt wissen wollte, und entschied dann: Ja, ich will es wissen!

Und so bekam ich von der netten jungen Frau haarklein erzählt, wie die Anmach-Masche meines Mr. Bink in der Sauna ablief.

Nicht genug, dass sie selbst in der Sauna des Kreuzfahrtschiffes einiges von seinem Treiben miterlebt hatte. Nicht genug, dass er auch ihr sehr intime Komplimente gemacht hatte, auf die sie aber nicht eingegangen war.

Nein, viel mehr. Er hatte ihr genauestens geschildert, warum er so häufig in die Sauna ging, wo er sich hinsetzte, um alles im Blick zu haben, wie er Frauen angesprochen hatte, wem er wo welche Komplimente über welche Körperteile gemacht hatte und wie glücklich die Damen doch darüber gewesen seien.

Außerdem hatte er bei ihr mit seinen Erfolgen geprahlt, wie oft er zum Zuge gekommen sei, wie oft er danach diversen Damenbesuch in seinem Haus am See hatte.

Auch die junge Frau hatte er zu sich einladen wollen, um sie dann in aller Ruhe ein Wochenende lang mit Ölmassagen zu verwöhnen. Und auf ihren Hinweis hin, er sei doch mit Frau Amado liiert, hatte er geantwortet, dies sei vorbei, wir seien auseinander, und zwar bereits seit längerem.

Die junge Frau hatte jedoch, als sie mich und ihn beobachtet hatte, das Gefühl bekommen, dass dem sicher nicht so sei.

Ich war fassungslos, denn spätestens bei der Erwähnung der Ölmassage wusste ich, dass mir die junge Frau keine Märchen auftischte. Mein Mr. Bink liebte es, auf diese Weise das Vorspiel zu beginnen.

Und ich hatte natürlich Jahre hindurch von alledem keine Ahnung gehabt. Dass er jeder Lady aus Cellulitis-City zu vermitteln versuchte, dass ihre Beine, ob mit oder ohne Orangenhaut, doch einfach nur perfekt seien. Egal, welche Stampfer die Frauen hatten, wichtig war, dass sie ihm diese Lüge glaubten oder sie zumindest dankbar entgegennahmen. Denn dann waren sie bald in seinem Netz gefangen.

Na ja, nicht, dass man als Frau nicht gerne Komplimente hören würde, doch er sagte es jeder, wollte jede einölen, massieren, berühren, streicheln. Ist doch klar, für so ein umfangreiches Anmach-Programm braucht man dann sicher so an die zehn Saunagänge! Pro Tag.

Da ist der Saunabesuch keine Entspannung mehr, da wird er zum puren Stress!

Ich war erschüttert und doch weniger erstaunt, als ich es hätte sein müssen. Hatte ich es unbewusst doch schon geahnt, diese Ahnung aber einfach ignoriert? Er hatte doch nur deshalb freies Feld in der Sauna gehabt, weil er wusste, weil er schlichtweg darauf vertrauen konnte, dass ich ihm niemals in die Quere gekommen wäre. Ihn nie in die Sauna begleitet hätte oder ihm nachgegangen wäre.

Er hatte genau einkalkuliert, dass ich das nie getan hätte. Somit hatte er für seine Anmach-Spiele freie Bahn.

Diese junge Frau, nennen wir sie Mary, erinnerte sich dabei auch an die Geschichte, wie ich meinen Mr. Bink auf dem Schiff einmal nach einer Mittagsmoderation über mehrere Stunden hinweg gesucht hatte. Sie hatte damals meine Verzweiflung gesehen und konnte ihm schon deshalb nicht glauben, dass es zwischen ihm und mir vorbei sein sollte.

Nirgendwo auf dem Schiff war er damals zu finden. Er schien vom Wasser verschluckt worden zu sein.

Die Befürchtung, dass ihm etwas Schlimmes zugestoßen sein könnte, raubte mir fast den Verstand. Alles Mögliche schoss mir durch den Kopf. Ich dachte schon, dass er vielleicht plötzlich Probleme mit seiner Krankheit bekommen hätte.

Es gab fast keinen Fleck mehr auf dem Riesendampfer, wo einige Crewmitglieder und ich nicht nach ihm gesucht hätten. Gefunden haben wir ihn dann, ja, ganz richtig: in der Sauna. Dort hatten wir ihn natürlich als Erstes gesucht und die Sauna zwischendurch immer wieder überprüft, aber ihn nie dort gesehen.

Niemand hatte ihn gesehen, er war irgendwo verschwunden. Und kam nach einigen Stunden vergeblicher Suche, als sei es das Normalste der Welt, angeblich aus der Sauna.

Ich weiß bis heute nicht, wo er wirklich in der ganzen Zeit war. Wahrscheinlich mit irgendeiner Neueroberung in ihrer Kabine.

Sag mal, wie oft kann ein Mann einen Aufguss haben?

Als ich ihn das damals fragte, grinste er mich nur überheblich an.

Bist Du denn noch nicht ausgetrocknet?, fragte ich weiter.

Nein, das siehst Du doch, war seine knappe Antwort.

Ich bin vor Sorge fast umgekommen, sagte ich ihm.

Ich brauche meinen Freiraum, kam wie ein Peitschenschlag zur Antwort.

Merke: Der Satz „Ich brauche mehr Freiraum", gesprochen von Ihrem Partner in einer Beziehung, ist die Umschreibung für: Ich will fremdgehen, und Du störst.

23 Mr. Bink auf dem Traumschiff

Für eine Moderatorin ändern sich die Arbeitsplätze mit den wechselnden Veranstaltungen. Mal eine Gala in Holland, mal eine in Deutschland, mal hier, mal da.

Das hängt von den einzelnen Auftraggebern ab, wo eben mein Erscheinen notwendig war.

Den sicher schönsten Arbeitsplatz hatte ich jedoch, als eine der besten und größten Schifffahrtsgesellschaften mein Auftraggeber wurde.

In meiner Jugend war ich als Reiseleiterin an den schönsten und entlegensten Plätzen dieser Welt unterwegs gewesen. Ich hatte viele Sehenswürdigkeiten gesehen, die ich nur deshalb entdeckte, weil Einheimische sie mir zeigten.

Ich war also voll im Element, als klar war, dass ich den Job auf diesem Traumschiff bekommen hatte, denn die Reisen brachten mich wieder dorthin, wo ich so viele schöne Jugenderinnerungen hatte.

Die erste Reise führte von Hamburg nach Leningrad, die nächste von Hamburg nach Malaga, und eine von Auckland nach Bali. Die Arbeit machte viel Freude, denn ich hatte die Gelegenheit, durch meine auf dem Schiff veranstalteten Talkshows und die Interviews bemerkenswerte Menschen kennen lernen zu dürfen.

Nun sollte ich ein viertes Mal das Bordprogramm moderieren und gemeinsam mit meinem Mr. Bink auf große Fahrt von Dubai nach Monte Carlo gehen.

Obwohl ich jeden Tag drei Mal die unterschiedlichsten Programme moderierte und auch noch große Bühnengarderobe brauchte, hatte mein Mr. Bink es wieder einmal geschafft, gleich viel Gepäck wie ich mit dabeizuhaben.

Und dass für meine Abendkleider, für meine Kleider und Kostüme, die ich ja pro Tag auf dem Schiff benötigte, kaum Platz in den Schränken der Kabine blieb, kann sich wohl jetzt jeder vorstellen. Außerdem brauchte mein Mr. Bink mehr Fläche für seine diversen Duftwässerchen im Badezimmer, als es die Firma Douglas für die Herrenabteilung ihrer Geschäfte vorgesehen hatte.

Ich werde auch niemals verstehen, wie man als Mann, aus lauter Eitelkeit, für eine 14-tägige Schiffsreise an die 100 (hundert!) Krawatten mitnimmt. Damit sie nicht verknitterten und um den Überblick zu behalten, war er auf eine ebenso geniale wie verrückte Idee gekommen.

Mein Mr. Bink spannte, wenn wir eine Kreuzfahrt machten, von der einen Seite der Schiffskabine bis hin zur anderen Seite eine Schnur, und auf dieser hingen dann fein säuberlich alle seine mitgeführten Krawatten. Wie Wimpel der Fußballmannschaften auf den Fußballplätzen dieser Welt. Die Zimmermädchen standen meist kopfschüttelnd vor diesem Werk.

Und kamen andere Männer mit ein bis zwei Smokings pro Reise durch, so hatte mein Mr. Bink für fast jeden Tag einen anderen vorgesehen. Mal schwarz, mal weiß, mal blau, mal Seide, mal feinstes Tuch, mal dies, mal das. Ein Mann von Welt eben.

Wie immer, war mein Mr. Bink vorerst mal begeistert, dass wir wieder in See stechen würden.

Auf einer Kreuzfahrt lief mein Mr. Bink zu Hochform auf: Hier konnte der Pfau alle seine Federn zeigen. In der vollsten Pracht! Denn da konnte er sich von der spendablen Seite zeigen. Konnte die Damen und Herren Mitreisenden, egal, ob tagsüber am Pool oder am Abend bei Tisch, großzügig einladen. Zu Champagner, zu Whisky, zu den raffiniertesten Cocktaildrinks, zu Café latte, zu einem Glas Wasser. Er übertrieb dies wie fast alles in seinem Leben, und so hatte er schnell den passenden Beinamen weg. Er war auf dem Schiff bekannt als der Mr. Was-möchten-Sie-trinken?! War ja auch einfach, so spendabel zu sein, denn alles ging auf die Kabine, also auf meinen Namen.

Er war auf dem Schiff der charmante Plauderer, der Weltmann, der viel zu erzählen wusste, und der Tänzer, der jede Dame gekonnt und raffiniert über die Tanzfläche schweben ließ. Kein Tanz war ihm fremd. Die Damen waren begeistert, hatten die meisten doch im heimischen Stall eher bewegungslose Sandsäcke rumstehen. Eine Kreuzfahrt war für meinen Mr. Bink und seine Selbstdarstellung einfach perfekt.

Nur, dass eben bei dieser unserer letzten Reise alles von Beginn an anders war.

Schon im Flieger nervte er mit seinen Sonderwünschen sowohl die Stewardessen als auch mich.

Auch im Taxi vom Flughafen zum Schiff wurde seine Stimmung nicht besser. An allem und jedem hatte er was auszusetzen.

Ich war zum Arbeiten auf dem Schiff und freute mich auf meinen Job, aber mein Bauchgefühl meldete sich nach langer, langer Zeit endlich wieder und wollte mir sagen: Vergiss' es. Diese Fahrt wird ein Desaster.

Wir gingen die Gangway hoch, wurden freundlichst empfangen und begaben uns umgehend in unsere Kabine. Wir hatten dieselbe wie bei all den Fahrten davor, und trotzdem gab es für Mr. Bink Gründe, diesmal eine Mängelliste aufzustellen.

Er nörgelte über alles. Dies passte ihm nicht und jenes. Ich musste mich aber schon auf meine erste Moderation vorbereiten und bat ihn daher, mir bitte nicht mit solch an den Haaren herbeigezogenen Unmutsäußerungen die Konzentration zu rauben.

Äußerlich gab ich mich strahlend, doch innerlich war ich müde, erschöpft und ausgebrannt. Ich wollte nicht streiten, ich wollte einen sehr guten Job machen, und auf der anderen Seite hegte ich noch immer die Hoffnung, in meiner knappen Freizeit schöne Stunden mit dem Mann an meiner Seite verbringen zu können.

Doch wie es den Anschein hatte, sollte mir gerade Letzteres nicht gelingen.

Mein Mr. Bink war auf dieser Reise nämlich auf Konfrontationskurs programmiert.

Er hetzte mich von einem Termin zum anderen, er verschaffte mir zusätzlich Arbeit, indem er mich ohne mein Wissen für Mode- und Schmuckpräsentationen einteilen ließ, gerade so, als wäre er mein Manager.

Doch warum tat er das?
Ganz einfach!
Ich musste beschäftigt sein.
Denn er brauchte Zeit und Freiraum für sich selbst.

Er hatte seine Antennen bereits ausgefahren, und die signalisierten ihm: Frauen an Bord! Reiche, einflussreiche Frauen an Bord!

Gegen Ende der Fahrt unterhielt ich mich mit der Angestellten, jener, die die Moderatoren für die Kreuzfahrten einteilte und buchte.

Ich wollte etwas für ein kommendes Engagement arrangieren, doch die Dame sagte mir nur ganz beiläufig, dass dies nicht nötig sei. Ich hätte keinen künftigen Vertrag mit dem Schiff mehr.

Wie bitte?
Was?
Wieso?

Ich wurde überall hoch gelobt für meine Arbeit, doch warum in aller Welt hatte ich auf einmal meinen Job verloren?

Als ich meinem Mr. Bink dies mitteilte, meinte er aufgebracht, ob dies nun bedeuten würde, dass er nicht mehr auf einem Kreuzfahrtschiff sein konnte.

Er? Hallo, es geht hier bei mir um Finanzielles, um meine Reputation, meinen Job, mein Leben!

Was, verdammt noch einmal, hat es damit zu tun, ob Du auf einem Kreuzfahrtschiff sein kannst? Kauf Dir ein Ticket, wollte ich ihm noch an den Kopf werfen, da war er aber schon aus der Kabine in Richtung Sauna verschwunden.

Ich verstand die Welt nicht mehr. Ich war am Boden zerstört. Nur meine jahrelange Erfahrung und meine Professionalität ließen mich die letzten Tage durchhalten.

Aber all das war nichts im Vergleich, was ich bald darauf noch erfahren sollte.

Mein Mr. Bink kannte keine Grenzen mehr. Keine menschlichen und schon gar keine moralischen.

Noch auf dem Schiff bekam ich es zugetragen: Während ich auf der Bühne stand und einen sehr guten Job machte, war er im Saal eifrig damit beschäftigt, mich lächerlich zu machen.

Wie das zugegangen sein soll?

Ich sang oben auf der Bühne, und die Leute auf der Seite des Saales, wo seine Kommentare nicht hörbar waren, klatschten begeistert Beifall, jedoch dort, wo er saß oder stand, kritisierte er laut meinen Gesang und meine Moderation und machte dadurch meine Darstellung mies. Natürlich machte das mit der Zeit die Runde. Jeder amüsierte sich darüber, denn alle wussten es. Außer mir.

Es kamen von ihm Sätze wie: „Ich sag ihr schon die ganze Zeit, sie soll endlich das Rauchen lassen, denn ihre Stimme klingt immer schlechter." (Mr. Bink, der genervte Manager ...)

Ach, mein Gott, diese Frau ist so teuer. Das kann man sich gar nicht vorstellen. Ich kann ihr kaum noch all ihre Wünsche erfüllen. (Mr. Bink, der ausgebeutete Mann ...)

Also, ich hab ihr heute Abend noch in der Kabine gesagt, sie möge andere Schuhe tragen, denn in denen, die sie jetzt anhat, kann sie doch kaum gehen. (Mr. Bink, der Modeexperte ...)

Sie kann ja gar nichts. Nicht kochen, und im Bett, na ja, da ist es auch nicht mehr so wie am Anfang. (Mr. Bink, der nach gutem Essen und Sex ausgehungerte Partner ...)

Er besaß tatsächlich die Dreistigkeit, in meiner Abwesenheit ein Bild von mir zu konstruieren und zu verbreiten, das mich in den Augen der Passagiere schlecht dastehen ließ. Für ihn war das nur konsequent, denn er folgte lediglich seinem Plan, mich öffentlich klein zu machen.

Und er schaffte es, dass ihn alle nett und charmant fanden, aber auf diese fürchterliche Amado schimpften, die ihn so ausnutzte und nicht auf ihn hörte.

Irgendwann gelangte das dumme Gerede von meinen Unzulänglichkeiten natürlich bis zu den Personen, die über meine künftigen Engagements zu entscheiden hatten, und ich war den Job an Bord los.

Nur eines hatte mein Mr. Bink übersehen. Er hatte jetzt, da er mich beruflich vernichtet hatte, auch nicht mehr freie Fahrt auf einem Luxusdampfer nebst allen damit verbundenen Vorteilen. Das merkte er vielleicht zu spät, aber es war dann das Erste, das er mir vorwarf. Kein Wort des Trostes, kein Wort des Bedauerns, wozu auch? Nein, er bedauerte sich selber, weil er keine kostenlosen Kreuzfahrten mehr machen konnte.

Aber wahrscheinlich hatte er ja seine Angeln schon in die diversen anderen Gewässer gehängt, und irgendein fetter Fisch würde schon dran hängen bleiben.

Ich jedenfalls war meinen Job und meine Existenzgrundlage los. Und mit einem Schlag wusste ich, dass er mich eliminiert hatte.

Ich möchte gar nicht näher darauf eingehen, wie ich es geschafft habe, die letzten Tage an Bord durchzustehen. Ich tat meine Arbeit, ließ niemanden an meinem Schmerz teilhaben und wollte eigentlich nur weglaufen. Aber mitten auf dem Wasser bleibt dieser Wunsch ziemlich unerfüllbar.

Im Zielhafen verließen wir das Schiff und traten die Heimreise an. Seine Übellaunigkeit prallte gänzlich an mir ab.

Ich sprach mit Mr. Bink nicht über das, was ich erfahren hatte. Ich musste erst einmal für mich alleine wieder klare Gedanken fassen können.

Ich war froh, dass er sich sofort nach der Ankunft bei mir zu Hause in sein Auto setzte, um angeblich zu seinem Haus am See zu fahren. Er müsse nun endlich wieder seinen Geschäften nachgehen.

Geschäften! Ha!

Ich kam nach Hause, und ich wusste: Es ist vorbei.

Am nächsten Tag kündigte sich bei mir die junge Frau vom Kreuzfahrtschiff an. Und endlich wurde ich munter.

24 Was habe ich falsch gemacht?

Es fing ja alles so harmlos an mit meinem Mr. Bink.

Und weil sich sowohl Mr. Bink als auch unsere Beziehung nur schleichend zum Schlechteren hin veränderten, bekam ich das überhaupt nicht mit. Vielleicht wollte ich auch so manches einfach nicht mitbekommen.

Denn ich hörte einfach nicht auf mein Bauchgefühl, auch wenn es sich immer vehementer zu Wort meldete.

Wir Frauen verlassen uns in den meisten Fällen auf unser Bauchgefühl. Ich habe in meinem Leben die Erfahrung gemacht, dass es mich selten getrogen und ganz selten im Stich gelassen hat.

Mr. Bink war einer dieser ganz seltenen Fälle.

Ich lernte ihn kennen, und es war einfach alles perfekt. Nach zwei verpatzten Ehen und mehreren Kurzbeziehungen mit Schiffbruch passte Mr. Bink für mich in mein Leben wie ein Schlüssel in das richtige Schloss.

Er zeigte Niveau, er hatte Stil und gutes Auftreten, er war charmant, er war höflich. Und vor allem gab er mir körperlich das, was ich lange entbehrt hatte.

Meine Hormone kochten auf höchster Stufe, und in diesem Zustand bildete ich mir meinen Mr. Bink als den idealen Partner ein.

Mein Bauchgefühl? Das war in der ersten Zeit im Überschwang der Gefühle untergegangen.

Im Laufe der Jahre mit Mr. Bink gab es dann immer wieder einmal zaghaft Alarm. Aber ich überhörte ihn, denn Mr. Bink war doch immer noch mein Traummann, oder?

Und wenn sich mein ungutes Gefühl dann wirklich nicht mehr niederkämpfen lassen wollte und ich meinen Mr. Bink auf die Dinge ansprach, die mir nicht passten, die mich störten, dann sorgte der schon mit ein paar Bemerkungen aus seinem Repertoire dafür, dass mein Bauch und ich wieder den Mund hielten.

Ich ignorierte mein Bauchgefühl. Und das war mein Fehler.

Rückblickend weiß ich, dass ich meinen Mr. Bink viel zu lange habe gewähren lassen. Ich habe ihn seine gemeinen Spielchen mit mir spielen lassen, obwohl ich nur allzu oft das ungute Gefühl hatte, dass er wohl nicht nur der Falsche für mich ist, sondern dass er mir sogar schadete.

Ganz zu schweigen von den Dingen, die mir rein äußerlich zunehmend an ihm missfielen oder mich sogar ärgerten. Die Art, wie er mich behandelte, seine nebulösen Geschäftsreisen, seine für mich immer peinlicheren Auftritte in Gesellschaft, seine Überheblichkeit, seine ewige Flirterei in meinem Beisein und seine Visitenkarten.

Und was tat ich dagegen? Nun, letztlich gar nichts. Es blieb alles so, wie es war.

Warum?

Das werden Sie sich sicherlich fragen, und genau das wurde ich schon von vielen Menschen gefragt.

Und ich antworte auch hier wieder auf diese Frage, wie ich immer darauf geantwortet habe:

Ich weiß es nicht, es spielten viele Dinge eine Rolle dabei.

Zunächst einmal bin ich sicherlich der Macht der Gewohnheit unterlegen. Mr. Bink war eben einfach da. Ich habe hinterher oft überlegt, ob er mir gefehlt hätte, wenn ich mich bereits früher von ihm getrennt hätte, aber das muss ich mit einem klaren NEIN beantworten.

Es war wohl unter anderem die Angst davor, wieder allein zu sein, die mich davon abhielt, einen Schlussstrich unter die Sache zu ziehen. Heute habe ich diese Angst als völlig unsinnig erkannt.

Ich war nämlich auch schon allein, als ich noch mit meinem Mr. Bink zusammen war, sogar, wenn er bei mir war. Bei Licht besehen war er eigentlich nie richtig bei mir. Er war immer nur vorübergehend zu Besuch, seine Anwesenheit hatte immer ein kurzfristiges Verfallsdatum.

Und es gibt, das wurde mir von anderen Frauen immer wieder bestätigt, keine schlimmere Einsamkeit als die in der Zweisamkeit!

Sicherlich war auch Bequemlichkeit dabei. Trennung und Neuanfang hätten Aufwand bedeutet, Aufwand, den ich mir ersparen wollte. Was ich hatte, wusste ich, auch wenn es unangenehm war; was danach vielleicht kam, konnte ich nicht wissen. Ich konnte auch nicht wissen, ob sich der Aufwand lohnen würde. Also ließ ich es so.

Dann war da noch mein Sohn. Da er ja von klein auf ohne Vater aufgewachsen war, konnte ihm mein Mr. Bink, so stellte ich mir das vor, zumindest als Ersatzvater dienen. Und den wollte ich ihm nicht nehmen. Denn obwohl mein Mr. Bink allerhöchstens für ein verlängertes Wochenende bei uns war, verstanden sich die beiden nach meinem Eindruck doch sehr gut.

Also fragte ich mich: Wie würde mein Sohn reagieren, wenn ich ihn von einer seiner Hauptbezugspersonen trennte? Was würde er von mir denken, wenn seine Mutter schon wieder allein war und/oder auf neue Partnersuche ging?

Sie haben ja Recht! Alles kompletter Unsinn!

Kinder haben bekanntermaßen ein untrügliches Gespür dafür, ob die Beziehung ihrer Eltern in Ordnung ist oder nicht. Genauso untrüglich merken sie, ob der alleinerziehende Elternteil glücklich mit seinem Partner ist. Glauben Sie nicht, dass Sie Ihrem Kind in dieser Hinsicht etwas vorgaukeln können.

Kinder brauchen ein Zuhause mit Vertrauen, Geborgenheit, Beständigkeit, Ruhe. Das kann ihnen ein Elternteil allein eher und besser bieten als zwei Personen, zwischen denen ständig Unstimmigkeit herrscht.

Und war mein Sohn nicht genauso fröhlich und unbeschwert gewesen, bevor Mr. Bink in mein Leben getreten war? Als die ganze Last der Erziehung allein auf meinen Schultern ruhte?

Liebe Alleinerziehende, schieben Sie nicht Ihr Kind als Vorwand für das Festhalten an einer Beziehung vor, wenn Sie das Gefühl haben, dass diese unglücklich ist, und schon gar nicht, wenn Sie den Verdacht haben, dass Ihr Partner ein Mr. Bink sein könnte. Beenden Sie die Sache. Was Ihnen gut tut, ist auch für Ihr Kind gut.

Ich habe das damals anders gesehen und falsch entschieden.

Bei mir kam allerdings noch ein weiterer Grund hinzu, der für die meisten Frauen in einer solchen Situation nicht zum Tragen käme, mich aber weiter bei meinem Mr. Bink ausharren ließ.

Ich war durch meinen Job beim Fernsehen nun wirklich keine Unbekannte. So wie sich die Presse auf uns gestürzt hatte, als ich das erste Mal mit meinem Mr. Bink den roten Teppich entlanggeschritten war, so, stellte ich mir vor, würde sie sich auf Marijke Amado stürzen, wenn die sich mal wieder von einem Mann getrennt hätte. Und gerade bei diesem hatte ich mich so weit aus dem Fenster gelehnt, hatte ihn überall als die große Liebe meines Lebens, als mein Ein und Alles vorgestellt.

Ich sah schon die fetten Schlagzeilen vor mir, garniert mit peinlichen Fotos:

„Marijke Amado - Beziehung am Ende?"

„Marijke Amado - Trennung vom Traummann?"

„Marijke Amado - wieder mal gescheitert!"

Nein, diese Niederlage wollte ich mir selbst und anderen nicht eingestehen.

Und natürlich würde man mir die Schuld geben. Mein Mr. Bink hatte sich schließlich nach außen hin immer als Musterbeispiel eines Traumpartners dargestellt, und alle Frauen beneideten mich um ihn. Wer sollte mir glauben, dass er nicht der Märchenprinz war, für den ihn alle hielten?

Nein, so wollte ich nicht dastehen, als die Amado, die ganz offensichtlich einfach nicht beziehungsfähig war. Der ihr Traummann davongelaufen war. Die immer nur Pech mit den Männern hatte.

Ich weiß heute, dass es falsch war zu zögern. Dass es falsch war, immer wieder Gründe zu suchen, um die Situation, in der ich lebte, beizubehalten. Dass ein Ende mit Schrecken, auf das alles ohnehin unaufhaltsam zusteuerte, allemal besser ist als ein Schrecken, dessen Ende man immer wieder hinausschiebt.

Und einen Fehler bereue ich heute ganz besonders:

Ich habe damals alle Warnungen meiner Freundinnen in den Wind geschlagen.

25 Die Warnungen der Freundinnen

Meine Freundinnen.

Viele von ihnen begleiten mich bereits seit meiner Schulzeit. Mit einigen arbeite ich auch beruflich zusammen.

Als ich meinen Mr. Bink kennen gelernt hatte, erzählte ich natürlich jeder von ihnen von meinem Traummann, und alle waren schon sehr gespannt, ihn mal persönlich zu treffen.

Die Beziehung zu Mr. Bink war noch ganz frisch, da beschloss ich, in meinem wunderschönen neuen Haus eine House-Warming-Party zu veranstalten und alle meine Freundinnen dazu einzuladen.

Ich meinte zu erkennen, dass mein Mr. Bink umgekehrt ebenso neugierig war auf die Menschen, die mich schon über so lange Zeit meines Lebens begleitet hatten. Und ich hoffte, dass ich sie als festen Bestandteil in unser nun gemeinsames Leben integrieren könnte.

Alle sollten sehen, wie glücklich ich war, und alle sollten endlich sehen, was für ein tolles Haus ich mir gekauft hatte. Ich war in Hochstimmung.

Während der Party führte ich meine Freundinnen durch mein Haus und meinen Garten, versäumte aber nicht, jedes Mal die Geschichte meines Blumenspenders zu erzählen, dass er mich mit einem Lastwagen und einem Anhänger voller Pflanzen und Blumen überrascht hatte.

Alles, was ich so erzählte, alles worüber ich so schwärmte, klang für meine Freundinnen nach „Marijke in ihrer eigenen Telenovela". Ganz in Weiß gekleidet lief ich an diesem Tag herum, wie eine kitschige Hollywood-Frau auf der Venus.

Ich konnte glücklicher nicht sein, doch meine Freundinnen machten sich unabhängig voneinander so ihre eigenen Gedanken.

Ich bemerkte, wie sie ihn und mich ständig beobachteten.

Ich kannte meine Freundinnen schon so lange, ich wusste genau, wie sie denken, wie sie sind, wie sie studierten, wie sie gekämpft hatten, in ihrem Job, für ihre Ideale. Deshalb konnte ich an diesem für mich so herrlichen Tag nicht verstehen, warum sie mit einem Mal so argwöhnisch schauten.

Sie erzählten mir irgendwann später, was sie gedacht hatten:

Was hat die Marijke denn da für einen erwischt?

Einige meiner Freundinnen kamen aus der Fernsehbranche, hatten also Tag für Tag mit diesen schwarzgewandeten Typen zu tun, und dann stand da mein Mr. Bink vor ihnen.

Das genaue Gegenteil, ein Typ, gekleidet wie ein Gentleman.

Aber heißt es nicht: Kleider machen Leute?

Doch, aber heißt es nicht auch: Was nützt die schönste Hülle, wenn die Fülle nicht in Ordnung ist?

Aus heutiger Sicht verstehe ich mich nicht mehr.

Wie konnte ich mich, trotz aller Lebenserfahrung, so von einem Mann blenden lassen? Dass ich Werte, die mir meine Eltern und Großeltern mit auf meinen Lebensweg gegeben hatten, bei diesem Mann von einem Tag auf den anderen über Bord warf oder in Zweifel zog.

Einige meiner Freundinnen hatten Mr. Bink sofort richtig eingeschätzt. Sie befürchteten, dass ich auf einen Blender hereingefallen war. Denn, wie schon mal gesagt, er war einfach zu perfekt. Und den perfekten Mann gibt es offensichtlich nur in der Mogelpackung.

Manche erinnern sich heute noch genau an jedes Detail, wenn wir über diesen einen Abend sprechen. Sie sagen mir dann, dass sie damals durch den oder jenen Satz genau gewusst hätten, wie der sprichwörtliche Hase lief.

Dass sie mich und ihn genauestens beobachtet und festgestellt hätten, dass mein Strahlen und meine Fröhlichkeit in keinem Einklang mit den Blicken standen, mit denen er mich bedachte.

Sie merkten auch, dass er frech und unverschämt meine Abwesenheit sofort benutzte, um entweder zu flirten oder mich lächerlich zu machen.

Sie kann ja nicht kochen, meinte er zum Beispiel zu meinen Freundinnen. Sie kann ja nicht kochen, aber sie ist so süß in ihrem Eifer!

Als mir meine Freundinnen dies erzählten, tat ich es als witzigen Scherz ab. Aber er hatte genau an diesem Abend bereits begonnen, mich niederzumachen.

Meine Freundinnen reagierten ganz verschieden auf Mr. Binks Verhalten.

Manche zogen sich einfach zurück, meldeten sich nicht mehr, kamen nicht mehr zu Besuch. Nach und nach schaffte es Mr. Bink, einen Großteil meiner Freundinnen systematisch zu vergraulen.

Und wenn ich ehrlich bin: Was ihm nicht gelang, schaffte ich, weil ich zunehmend in seinen Einfluss geriet.

Meine Freundin Annemarie sagte immer: Tu Dir das mit dem Mann nicht an, Marijke, Du siehst mehr in ihm, als da ist.

Meine anderen Freundinnen fragten sich ständig, wie lange das noch gutgehen kann. Fragten sich, wann ich endlich wieder die Realität sehen würde.

Und was tat ich?

Ich ließ die Saat wachsen, die Mr. Bink gesät hatte. Ich begann, meinen Freundinnen zu misstrauen.

Wieso können sie sich nicht mit mir freuen?
Wieso wollen sie nicht sehen, welch wunderbaren Mann ich an meiner Seite habe?
Wieso gönnen sie mir mein Glück nicht?
Wieso machen sie ihn mies?

Die Antwort auf alle diese Fragen kam von meinem Mr. Bink.

Denn er erklärte, sie seien eben neidisch. Einige meiner Freundinnen hätten ihm schöne Augen gemacht, und ich solle doch besser sehen, dass ich in Zukunft Zusammentreffen mit diesen Damen auf ein Mindestmaß reduziere.

Somit begann er gezielt, meine vertrauten Freundinnen aus meinem Leben zu eliminieren.

Ich verstehe es heute nicht, wieso ich ihm mehr glaubte als jenen Menschen, von denen ich noch nie zuvor in meinem Leben enttäuscht worden war. Wie es sein konnte, dass ich mich von meinen Freundinnen zurückzog, statt endlich meinen Mr. Bink in einem anderen Licht zu sehen.

Ich kann mich auch noch sehr gut an jene Situation erinnern, als ich mit einer meiner ältesten Freundinnen, mit der ich auch beruflich zusammenarbeitete, und mit meinem Fernsehteam in Holland in einem Hotel war. Als ich am Abend mein Zimmer betrat, standen dort verteilt auf jedem freien Fleckchen sicher über 100 verschiedene Blumensträuße.

Ich war durch die Lieferung in meinem Garten ja einiges gewohnt, doch dieses Zimmer voller Rosen, Lilien, Gerbera, Mimosen, Orchideen sah aus wie eine Szene in einem Hollywood-Film und nicht wie ein Ort, an dem ich die kommenden Stunden Ruhe finden wollte nach einem anstrengenden Drehtag.

Was hatte er sich dabei wieder gedacht?

Ich ging zur Rezeption, und dort erfuhr ich die Details:

Mein Mr. Bink hatte die Blumen durch einen Anruf im Hotel avisiert, und daraufhin hatte die Geschäftsleitung von überall her zusätzliche Vasen und Karaffen besorgt, damit eben alles perfekt war. So wie es bestellt und beauftragt worden war.

Meine Güte, die Mädchen in der Rezeption und die Crew meines Aufnahmeteams schauten mich verwundert an. Am meisten verwundert blickte aber meine Freundin.

Ich dachte, gleich kommt von irgendwoher wieder der Satz, den damals in meinem Garten dieser Lastwagenfahrer von sich gegeben hatte, doch nein, eine junge Frau aus meinem Team sprach aus, was wahrscheinlich alle, einschließlich des Hotelpersonals, dachten:

Mein Gott, was hat der Mann bloß angestellt, dass er meint, es mit so vielen Blumen wieder gutmachen zu können?

Hey, mein Traummann wollte mir damit zeigen, wie sehr er mich liebt.

Nein, das tut man mit einem einzigen, wunderschönen Strauß, aber nicht mit einem Zimmer voller Blumen. Da will er Dir ganz was anderes sagen, meinte meine Freundin, mit der ich seit vielen Jahren durch dick und dünn ging. Sie schüttelte nur ihren blonden Lockenkopf und ließ mich alleine stehen.

Wo sollte ich denn schlafen?

Bei mir nicht, war ihre Antwort. Denn ich brauche meinen Schlaf und will nicht die ganze Nacht von Dir vorgeschwärmt bekommen, wie toll Dein Traummann ist.

Wieso sagte sie so was?
Konnte sie sich denn nicht mit mir freuen?

Aha, sie ist neidisch.

Mein Mr. Bink hatte also doch völlig Recht. Sie hätte selbst gerne einen Mann gehabt, der sie mit so vielen Blumen überrascht. Deshalb machte sie das Geschenk und auch gleich meinen Traummann mies, dachte ich.

Leider hatte ich die Situation und ihre Bemerkung völlig falsch interpretiert.

Ich bekam ein anderes Zimmer und nahm einen Blumenstrauß, der mir am besten gefiel, mit in diesen Raum.

Keine meiner Freundinnen, der ich im Nachhinein diese Story erzählte, konnte meine Freude verstehen, noch weniger sie mit mir teilen. Jede, unabhängig voneinander, meinte mit fast den gleichen Worten wie das Mädchen aus dem Produktionsteam, was er denn wohl davor bloß angestellt habe, um auf eine so skurrile Idee zu kommen.

Ob er sich jemals darüber Gedanken gemacht hatte, wo ich geschlafen hätte, wenn das Hotel kein freies Zimmer mehr gehabt hätte? Ich konnte darauf keine befriedigende Antwort geben.

Denn ich hatte meinen Mr. Bink wieder mal völlig falsch eingeschätzt. Es ging nicht darum, mir eine Freude zu bereiten, es ging ihm nur darum, mein Umfeld zu beeindrucken.

Denn bei meiner Rückkehr fragte er mich mit keinem Satz, wie mir denn sein Geschenk gefallen hätte, nein, er wollte einzig und alleine hören, was mein Produktionsteam, was die Leute im Hotel und was meine Freundin wohl zu seinem Geschenk gesagt hätten. Und dass sicher keine der Frauen jemals von ihrem Partner so viele Blumen bekommen hätte!

Ich habe leider viel zu wenig, wie ich schon vorher erwähnte, auf meinen Bauch gehört und leider auch viel zu wenig bis gar nicht auf meine Freundinnen.

Sie waren allesamt niemals neidisch gewesen, sie wollten mich schützen, mich vor Schlimmem bewahren, und konnten mir doch nicht helfen, denn ich war völlig beratungs- und lernresistent.

Ich lebte in meiner Traumwelt, in meiner eigenen Telenovela, und wollte durch nichts in die Realität katapultiert werden. Schon gar nicht von meinen Freundinnen. Denn was mir die sagten, wollte ich einfach nicht hören, ich war leider noch nicht bereit dazu.

Schade, dass ich dies zuließ.

Schade, dass ich nicht, bevor ich alles verlor, wach wurde und der bitteren Wahrheit ins Gesicht sehen wollte.

Und besonders schade, dass einige Freundschaften bis heute für mich unwiederbringlich verloren sind.

Ich möchte mich in diesem Kapitel bei allen jenen Menschen entschuldigen, die ich durch meine Starrsinnigkeit und mein Misstrauen vor den Kopf gestoßen habe.

Ich habe für meine Uneinsichtigkeit einen hohen Preis bezahlt.

Bei einer Freundin möchte ich ganz besonders um Vergebung bitten. Sie war nämlich die, die kopfschüttelnd aufstand, als ich ihr die folgende Geschichte erzählte, und die damals meinte, wenn ich jetzt noch immer bei diesem Mann bliebe, dann sei mir wirklich nicht mehr zu helfen.

Mein Mr. Bink und ich befanden uns während einer Kreuzfahrt auf hoher See, als ich die Nachricht bekam, dass ich für meinen Fernsehsender eine wichtige Sendung moderieren sollte.

Es sei meine Aufgabe, dies zu tun, erklärte man mir, und so ging ich, da ich meinen Mr. Bink nicht fand, alleine zum Kapitän, um die Möglichkeit zu besprechen, irgendwo von Bord zu gehen, nach Deutschland zu fliegen, um den Job zu erledigen, und dann gleich wieder zurück zum Schiff zu kommen.

Der Kapitän schaute mich entgeistert an und fragte mich, ob ich denn eine ungefähre Vorstellung davon hätte, wo wir uns zurzeit befänden.

Nein, genau natürlich nicht, vielleicht ungefähr.

Und deshalb erklärte er mir, dass er mich zwar an einer Küste aussteigen lassen könne, ich dann aber mit einem Jeep einige 100 Kilometer im Jemen durch die Wüste fahren müsse, um an einen Airport zu gelangen.

Er könnte mir keine Garantie geben, ob mein Mann und ich dann auch je heil ankämen, denn dies sei ein fürchterlich gefährliches Unternehmen.

Er riet mir davon ab, sagte etwas wie „Verantwortung für seine Passagiere" und dass es sicher im Sender eine andere Moderatorin für die Sendung gäbe.

Er redete mit Engelszungen auf mich ein, und zum Schluss meinte er noch, es müsse ohnehin das Außenministerium das Okay für diesen Ausflug geben, und er sei sich ziemlich sicher, dass es nie dazu kommen würde.

Nun kam mein Mr. Bink ins Spiel. Da ich überall auf dem Schiff die Nachricht hinterlassen hatte, er möge doch umgehend in das Kapitänsbüro kommen, klopfte er nach einiger Zeit an die Türe. Ich erzählte ihm in wenigen Sätzen, worum es ging.

Er war begeistert, dass der Sender an mich gedacht hätte, und beschwor mich, mir diese Chance doch nicht entgehen zu lassen.

Aber Schatz, sagte ich ihm, der Kapitän meinte, dies sei eine viel zu gefährliche Reise für uns, so quer durch die Wüste des Jemen zu fahren.

Uns? Er sah mich verständnislos an. Wieso uns?

Wieso soll ich da auch mit? Du fliegst hin und wieder zurück, und die paar Tage kannst Du doch auch alleine sein, oder? Ich bleibe auf dem Schiff.

Was? Ich war entsetzt. Du willst mich als Frau alleine durch den Jemen fahren lassen?

Sicher, was soll Dir passieren?

Ich konnte nicht glauben, was ich da hörte. Das konnte doch nur ein Scherz sein. Ich war fassungslos.

Der Kapitän blickte ungläubig von einem zum anderen und verstand wahrscheinlich die Welt nicht mehr. Mein Mr. Bink wollte mich tatsächlich alleine losschicken.

Jedenfalls verbot mir der Kapitän diesen Trip, das Außenministerium riet mir dringend von der Reise ab, und somit war das Thema für die anderen erledigt.

Nicht für mich.

Ich stellte meinen Mr. Bink zur Rede, doch er kehrte alles ins Gegenteil.

Ich hätte doch wieder einmal nicht zugehört. Was solle denn schon sein? Wir hätten doch sicher auch dort anlegen können, wo eben nicht ein über 100 Kilometer langer Trip durch die Wüste nötig gewesen wäre (als ob man mit einem Kreuzfahrtschiff überall anlegen könnte!). Der Kapitän hätte das alles viel zu sehr aufgebauscht, und worüber ich mich jetzt eigentlich noch aufregte, es käme doch ohnehin nicht dazu. Und außerdem hätte ich eine gute berufliche Chance durch meine blöde Angst vergeigt.

Und wie eigentlich immer entschwand er gleich danach in die Sauna.

Für ihn war die Sache klar, ich trug mal wieder die Schuld.

Nicht so für meine Freundin.

Sie war entsetzt, sie war fassungslos und hielt mich für total bescheuert: Ich solle doch endlich diesen Mann verlassen, der mich hätte ins Unglück fahren lassen, nur um die Zeit alleine an Bord genießen zu können.

Sie fragte mich, ob ich irgendeinen Mann kenne, der so was zustande brächte? Seine Lebenspartnerin im wahrsten Sinne des Wortes in die Wüste zu schicken!

Sie zog alle Register und erinnerte mich bei diesem Gespräch auch an andere Begebenheiten, bei denen sich mein Mr. Bink mir gegenüber nicht als der Kavalier gezeigt hatte, den er sonst überall herauskehrte.

Daran, dass mein Mr. Bink sehr wohl auch oftmals nach einer gemeinsam besuchten Veranstaltung sich in sein Auto setzte, um zu seinem Haus am See zu fahren, und mich mutterseelenallein zu mir nach Hause fahren ließ.

Schick' ihn in die Wüste, war das Letzte, was sie zu dem Thema sagte.

Tja, irgendwann später habe ich es dann gemacht, ich habe ihren Rat befolgt, ich habe ihn verlassen, aber leider erst viel zu spät.

26 Was frau tun kann, wenn sie in der Falle sitzt (Die australische Trichterspinne)

Vorab Folgendes: Ich bin alles andere als eine Spinnenfreundin. In meinem Haus bin ich ständig auf der Jagd nach diesen achtbeinigen Monstern, versuche sie einzufangen und draußen auszusetzen, damit sie in meinen Räumlichkeiten nicht heimisch werden. Eine ungenehmigte Hausbesetzung durch Spinnen wird bei mir im Keim erstickt.

Spinnen sind allgemein nicht sonderlich beliebt. So kommt es gar nicht von ungefähr, dass im täglichen Sprachgebrauch häufig die Spinnen herhalten müssen, wenn es um unschöne und widerwärtige Dinge geht.

Nehmen wir mal die Schwarze Witwe, die ihren Namen bekanntlich auch nicht vom Nett-Sein hat. Bei dieser raffinierten Spinnengattung frisst das Weibchen seinen Partner nach der Hochzeit auf und teilt den Namen deswegen mit hinterlistigen, mörderischen Frauen.

Und deshalb ist es gar nicht so abwegig, wenn ich zum Vergleich mit Mr. Bink auch eine Spinne heranziehe, nämlich die Australische Trichterspinne. Die legt sehr geschickt ein Netz in der Form eines Trichters an, ein faszinierendes Kunstwerk, um ihre Opfer darin zu fangen.

Wie die Spinne, die zielgerichtet ihr Trichternetz baut, um ihre Beute einzufangen, baute auch Mr. Bink eine Art Trichter, in den sein auserkorenes Opfer langsam, aber sicher hineinrutschen sollte.

Nur, dass der Trichter bei der Spinne aus Spinnenfäden besteht, Mr. Bink dagegen den seinen aus den vier bekannten Zutaten bildet: bescheuert machen, intimidieren, negieren und klein machen.

Und dann sitzen sie beide da, die Spinne wie der Mr. Bink, sehen zu, wie das Opfer tiefer und tiefer hineinrutscht, zupfen mal hier und mal da, um den Vorgang zu beschleunigen oder das Opfer in die richtige Richtung zu bringen: nach unten, in ihre Fänge.

Vielleicht macht es auch dem einen wie dem anderen Spaß, mit dem Opfer ein wenig zu spielen. Ist ja auch egal, das Netz ist so raffiniert angelegt, dass sich kein Opfer mehr selbst befreien kann und deshalb unweigerlich untergeht.

Oder auch nicht, wenn das Opfer die Falle frühzeitig erkennt und es schafft, wieder über den Rand des Trichters nach draußen zu gelangen.

Ich habe selbst viel zu lange in einem solchen Trichternetz, das mein Mr. Bink kunstvoll für mich gebaut hatte, zugebracht, aber ich habe es geschafft, und ich bin ihm entkommen. Rückblickend hätte ich viel früher den Weg nach oben zum rettenden Trichterrand einschlagen sollen, aber ich habe mich zu lange von den Fäden umstricken lassen und bin viel zu tief hinuntergerutscht. Und auch, nachdem ich es geschafft hatte, aus dem Trichter zu entkommen, brauchte ich noch geraume Zeit, bis ich auch innerlich meine Freiheit wiedergewonnen hatte.

Aber ich sage mir häufig, optimistisch, wie ich bin: Es hätte schlimmer kommen können.

Ich habe zwar finanziell Federn lassen müssen, bin aber dadurch, dass ich meine Falle seelisch halbwegs unbeschadet verlassen konnte, in der Lage, anderen Frauen in gleicher Situation zu helfen.

Ich möchte Ihnen durch meine Erfahrungen den notwendigen Mut, die Stärke und die Hilfe geben, das Netz zu verlassen. Befreien Sie sich von Mr. Bink, verlassen Sie ihn, werfen Sie ihn aus Ihrem Haus.

Geben Sie ihm nicht die Chance, Sie zu verlassen, nachdem er Ihnen alles genommen hat.

27 Der Club der Teufelinnen, zweiter Teil (Mr. Bink tappt in die Falle)

Unsere letzte Kreuzfahrt, das gemeine Verhalten meines Mr. Bink und seine Saunabesuche, die nur dazu dienten, mit anderen Frauen anzubandeln, musste ich erst mal verdauen.

Aber ich merkte, dass ich eine Entscheidung treffen musste. Und doch zögerte ich.

Es ist ja so typisch für uns Frauen. Lange Zeit über verdrängen wir, was wir eigentlich schon längst wissen. Wir lassen die Wahrheit nicht an uns heran, lassen uns wieder und wieder von Lügengeschichten einlullen, und doch, wenn genau dieses eine Puzzleteilchen gefunden wird, das uns das Bild vollständig aufzeigt, dann werden wir auf einmal analytisch.

Wir sortieren möglicherweise nochmals Steinchen für Steinchen, doch wissen wir bereits sehr wohl, dass sich alles genauso verhält, wie wir es schon seit langem gespürt haben.

Und doch, wir sind nun mal so, trotz allem wollen wir Frauen noch Beweise. Wir wollen es nicht aus dem Munde einer gutmeinenden Freundin hören (das hätte mich ja schon seit langer Zeit hellhörig machen können), nein, wir wollen es aus seinem Munde hören.

Doch alle diesbezüglichen Fragen wurden ja bislang geschickt umgangen, wurden ins Gegenteil gekehrt, und nach diesem Schema, das wusste ich, würden alle weiteren Versuche abgeschmettert werden.

Es musste anders gehen, und deshalb traf ich mich mit Mary.

Sie erinnern sich?

Jene junge Frau vom Kreuzfahrtschiff, der Mr. Bink seine „Anmach-Masche" in der Sauna geschildert hatte und nach der er selbst die Angel ausgeworfen hatte. Sie stammt aus vermögendem Hause, und da lag es doch nahe, dass sie früher oder später auch ins Fadenkreuz meines Mr. Bink geriet.

Bloß, dass Mary an ihm keinerlei Interesse zeigte, im Gegenteil und zu meinem Glück verbündete sie sich mit mir.

Ich rechne es ihr noch heute hoch an, dass sie sich bereit erklärte, im letzten Akt des Dramas neben Mr. Bink und mir die dritte Hauptrolle zu übernehmen.

Nämlich die des Lockvogels.

Sie kam wieder zu mir nach Hause. Wir unterhielten uns vorerst über dies und das und wussten doch beide, dass wir nur zusammensaßen, um unsere Rollen für ein Szenario einzustudieren, das am nächsten Abend stattfinden sollte.

Und seltsamerweise zweifelten wir beide zu keiner Sekunde am Erfolg unseres Planes.

Erfolg?

Ja, ich brauchte für mich, für meine Flucht aus dem Trichternetz, die Hilfe dieser jungen Frau und die absolute Gewissheit, dass sie die Wahrheit sagte. Dass sich alles genau so verhielt, wie sie es mir geschildert hatte.

Also riefen wir, Fröhlichkeit vorspielend, meinen Mr. Bink an. Wie das Leben so spielt, wenn alles wie geplant ablaufen soll, erreichten wir ihn auch sofort auf seinem Handy.

Er schien sich in absoluter Sicherheit zu wiegen, vielleicht war es auch die Aussicht auf ein Treffen mit Mary, denn er argwöhnte keine Minute, dass unsere Bitte auf ein gemeinsames Abendessen in einem wunderschönen Restaurant etwas anderes als ein nettes Treffen unter Freunden sein könnte. Er ahnte auch nicht, dass es genau dieses Restaurant sein musste, weil seine Tischanordnung in unserem Plan eine ganz besondere Rolle spielen sollte.

Denn, als wir drei dann an dem von mir ausgewählten, bereits telefonisch vorbestellten Tisch saßen, die gemeinsamen Erinnerungen an die Kreuzfahrt ausgetauscht hatten, entschuldigte ich mich kurz. Ich stand auf, ging scheinbar zur Toilette, kehrte aber sofort um. Die üppige Blumenwand hinter unserem Tisch gab mir Sichtschutz, sodass mein Mr. Bink mein Herannahen nicht bemerkte. Noch dazu saß er mit dem Rücken zu mir, und ich erlebte in nun erstmals in voller Aktion. Mein Mr. Bink verlor keine Zeit.

Ach, was freu ich mich, dass Du da bist, hörte ich ihn schmeicheln.

Mary spielte ihre Rolle perfekt.

Ich hoffe, Du kommst morgen zu meinem Haus am See, setzte er seine Versuche fort, damit ich Dich nach Strich und Faden verwöhnen kann. Ich will Dich einölen, will Dich massieren, will mit Dir schlafen.

Er griff nach ihren Händen, wollte sie streicheln, wollte sie küssen, aber da tauchte ich von hinten auf.

Mein Mr. Bink wusste sofort, dass er diesmal zu weit gegangen war und dass ich alles gehört hatte.

Er blickte zu Mary, die ihn wortlos ansah, dann sah er mich an, und ich wandte mich ab.

Es wurde kein Wort mehr gewechselt. Mr. Bink wusste genau, dass er in unsere Falle getappt war und dass sein Spiel aus war.

Gemeinsam mit Mary verließ ich das Restaurant. Nun hatte ich den Beweis.

Die gemeinsamen Jahre mit Mr. Bink waren nur eine Aneinanderreihung von Lügen gewesen.

28 Eine Entscheidung, die wieder Geld kostet, aber die Freiheit bringt

Es war nun jener Moment gekommen, wo ich meine Augen nicht mehr vor der Wahrheit verschließen konnte und durfte.

Mein ehemaliger Traummann war zu meinem schlimmsten Albtraum geworden!

Ich hatte fast alles verloren, war finanziell am Ende, beruflich nur mehr spärlich eingesetzt, hatte kaum noch Freunde, und doch wollte ich nicht meinen letzten Funken Stolz und Würde verlieren, musste ich endlich den finalen Schlussstrich ziehen.

Alles hat ein Ende, heißt es ja, nur mein Ende hatte bereits so viele Prolongationen erfahren, dass ich erst mal den Ablauf einstudieren musste. Ich bereitete mich auf dieses letzte Kapitel meiner Beziehung zu Mr. Bink ebenso genau und konzentriert vor, wie ich es auch bei allen meinen Rollen getan hatte.

Denn diesmal war ich sicher, dass er mit keinem Satz, mit keiner Einschüchterung, mit keinem Schmeicheln, mit rein gar nichts mich von meinem Vorsatz abbringen konnte.

Endlich sah ich glasklar, was ich zu tun hatte.

Am Abend vor meinem großen Schritt ließ ich noch einmal die Jahre meines Lebens mit ihm Revue passieren. Und zum ersten Mal war ich schonungslos ehrlich mit mir selbst.

Ich blätterte in meinem inneren Lebensbuch und sah nun endlich nicht nur die Sonnenscheinbilder. Ich sah auch die Schatten, und ich sah auch das ganze Ausmaß meines persönlichen Super-GAUs.

Was hatte ich am Anfang, wo stand ich jetzt?

Normalerweise sollte doch ein Besitz wachsen und größer werden, Sicherheit schenken und ein gutes Leben ermöglichen, doch nun hatte alles Mr. Bink, und mir blieb kaum das Nötigste.

Ich hatte für diese Liebe alles gegeben. Und was bekam ich dafür?

Nichts.

Nun ja, das eine oder andere Schmuckstück, könnte man sagen, doch damit bekommen Sie beim Kaufmann ums Eck nicht einen Liter Milch.

Ich hatte keine Sicherheit mehr.

Das finanzielle Fangnetz für mich und meinen Sohn, mein Haus, war mir weggezogen worden und schützte nun Mr. Bink.

Mr. Bink wusste nicht, dass ich alle Hintergründe kannte, dass ich ihn wie mit Röntgenstrahlen durchschaut hatte, und gerade deshalb bereitete ich mich so akribisch auf das Finale vor.

Ich saß in meinem Wohnzimmer, das damals, als ich das Haus kaufte, mit so viel Liebe von mir eingerichtet worden war, und ließ Jahr für Jahr Revue passieren.

Wo, wann hätte ich die Chance gehabt, die Notbremse zu ziehen, um das, was letztendlich geschah, verhindern zu können?

Endlich war ich schonungslos ehrlich mit mir selbst. Der Schmerz tat so weh, und doch legte er auf einmal den Blick ins klare, rationale Denken frei. Ich wusste, dass ich es sein musste, die den Zeitpunkt der Trennung bestimmt. Niemand sonst.

Dieses Was-wäre-wenn-Denken ließ mich frösteln, und ich wusste, dass keine von außen kommende Wärme, kein Kaminfeuer, keine Decke die innere Eiszeit heilen konnte.

Was wäre gewesen, wenn ich meinen Job bei dieser für mich so wichtigen Fernsehsendung nicht von heute auf morgen verloren hätte? Tja, dann hätte er es sicher nicht so leicht gehabt, mir die erste Hälfte meines Hauses auf die geschehene Art und Weise abzuknöpfen.

Hätte er dann einen anderen Weg gefunden, der ihn zum Mitbesitzer an meinem Grund und Boden machte?

Diese vielen Male, wo ich alle Zustände wegen seiner ständigen Flirterei hatte? Hätte ich ihn da verlassen sollen? Ja, sage ich heute. Klar, denn es wurde ja nie besser, sondern immer nur schlechter und dreister. Doch ich tat es halt nicht und blieb immer weiter gefangen, ließ mich wieder und wieder von seinen Lügen einlullen.

Was wäre gewesen, wenn ich auf der Einlösung meines Geburtstagsgeschenkes bestanden hätte? Hätte ich die Summe dann vielleicht auch auf dieser widerlichen Aufrechnungsliste wiedergefunden? Denn er schrieb ja damals, die Art und Weise, wie wir das verrechnen, darüber muss ich noch nachdenken. Dachte er damals schon, dass er mir ein Jahr später die Sache mit dem Steuerberater und der Liste antun würde?

Geplant war es sicher, denn sonst hätte er ja nicht so exakt Buch geführt.

Oder die Sache auf dem Kreuzfahrtschiff.

Hätte ich ihn gleich über Bord, den Haien zum Fraß vorwerfen sollen, bevor er dies auf andere Weise mit mir tat? Bevor er durch sein schändliches Verhalten auch diese Einnahmequelle für mich zum Versiegen brachte?

Ich spürte Tränen in mir aufsteigen, doch ich verbot mir, ihnen freien Lauf zu lassen. Ich durfte jetzt nicht in Selbstmitleid zerfließen, ich musste meinen klaren Verstand behalten und analysieren, wenn ich schon endlich diese Ehrlichkeit zuließ.

Ja, alles hat ein Ende, wie ich schon sagte.

Und ich wusste auf einmal ganz genau, was ich zu tun hatte.

Ich wusste genau, dass ich das Haus nicht halten konnte. Klar, dass ich diese Liste niemals unterschrieb.

Aber ich konnte und wollte ihm seinen Anteil nicht auszahlen und deshalb, so meinte ein Freund, dessen Ehrlichkeit ich schon immer geschätzt hatte, solle ich ihm meine noch verbleibende Hälfte doch zum Kauf anbieten.

Wir hätten wahrscheinlich auch das Haus gemeinsam verkaufen können, um dann die Aufteilung zu machen, doch das hätte bedeutet, dass es wieder kein Ende gegeben hätte, und das konnte nicht sein.

Es musste endlich vorbei sein.

Auch wenn ich wieder einen finanziellen Verlust erfahren würde, dieser Schritt würde mir die Freiheit bringen.

Als Mr. Bink am nächsten Tag das Haus betrat, so, als sei alles in bester Ordnung und nicht erst 48 Stunden seit dem Abendessen mit Mary vergangen, sah er sofort, dass diesmal alles anders sein würde.

Ich brauchte auch gar nicht lange herumzureden.

So wie ich es genau einstudiert hatte, verfolgte ich mein Ziel. Ich ließ mich durch nichts, durch keinen Blick und keine Geste verwirren.

Ich wünschte ihm alles Gute zu seinem Geburtstag und gab ihm als einziges Geschenk seine und meine Freiheit wieder. Ich zeigte vor ihm keine Verbitterung, und ich zeigte auch keine sonstigen Emotionen. Jetzt, wo ich endlich den Tatsachen ins Auge sehen konnte, dass der Mann, den ich all die Jahre ehrlich und aufrichtig liebte, mich gnadenlos ausgebeutet hatte, wollte ich ihm nicht die Genugtuung geben, mich als hysterische, kreischende Frau titulieren zu können.

Diese meine Ruhe verwirrte ihn.

Ich weiß nicht, was er für seinen Geburtstag sonst geplant hatte, doch ich denke mir, das hatte er nicht erwartet.

Er stand da und meinte, dass er ja dann eigentlich gleich wieder gehen könne.

Ja, dies wäre das einzig Richtige, war meine kurze Antwort.

Und doch schaffte es dieser „Über-Bink" von einem Mann, auch da noch eins draufzusetzen.

Als er nämlich schon fast bei der Tür draußen war, ich mich schon abgewandt hatte, weil ich endlich meinen Tränen ungehinderten Lauf lassen wollte, drehte er sich noch einmal um und stellte eine

Frage, die mich, wäre ich nicht barfuß gewesen, aus den Schuhen geworfen hätte.

Er stand nach all den Jahren, nach allem, was geschehen und passiert war, im Türrahmen und fragte mich allen Ernstes: Sag mal, wie ist das jetzt mit dem Audi-Menschen, bekomm ich da noch die 20 Prozent für meinen neuen Wagen?

Ich sagte nichts mehr.

Und endlich war er weg.

29 Die letzten Tage in meinem Haus

Heute, da ich wieder kurz davor stehe, in ein neues Haus einzuziehen, sehe ich vieles anders, als ich es damals sah, als ich mein geliebtes Haus an Mr. Bink übergeben musste.

Ich meinte, mein Herz müsse mir brechen, als ich Stück für Stück in die Umzugskartons einpackte. Alles Gegenstände, Dinge, die mein Leben bereichert hatten, und Dinge, die ich im Laufe meiner vielen Reisen zusammengetragen hatte, Dinge, die ihren festen Platz in meinem Haus und in meinem Leben gehabt hatten. Dinge, die einfach zu mir gehörten. Und alles Dinge, die den Gästen in meinem Haus Teile meines Lebens offenbart hatten.

Und erst recht mein Haus!
Was hatte ich dieses Haus geliebt!
Was war ich stolz, als ich es mir damals hatte kaufen können.
Was hatte ich mich darin wohl gefühlt.
Es war meine Festung, es war meine Welt.

Wie mein Sohn und ich immer zu sagen pflegten: unsere Southfork-Ranch im Kleinformat.

Ich packte noch immer ein, und ich konnte die Tränen nicht zurückhalten, denn ich wusste, dass ich dieses wunderschöne Haus für immer verloren hatte und dass ich es nie mehr betreten würde, wenn endlich der letzte Karton aus dem Haus gebracht worden war.

Ich hatte ja fast alles verloren. Ich hatte nur mehr das, was ich feinsäuberlich, Stück für Stück, in die Kartons einräumte.

Ich nahm alle meine Möbel mit. Bei unserem Übertragungsprotokoll stand von vornherein fest, dass alle Möbel mein Eigentum waren.

Und deshalb nahm ich alles mit, alles, was ich selbst ausgesucht und gekauft hatte, alles, was trotz allem niemals jemand anderen gehören sollte als mir selbst.

Ich konnte nicht aufhören zu weinen.

Ich empfand die Schmerzen, wie die bei einer Geburt. Ich wusste, dass sich diese qualvollen Schmerzen erst dann legen würden, wenn ich den letzten Schritt aus meinem Haus gemacht hätte. Ich hoffte gleichzeitig, dass dann eine Phase der Ruhe in mein Leben eintreten möge.

Und doch schienen unmenschliche Kräfte in diesen Wochen und Tagen des Einräumens in mir zu stecken. Ich lehnte jede Hilfe ab, ich wollte mit meinem alten Leben ganz alleine abschließen, ich wollte keinen an meinem Schmerz teilhaben lassen, und dann gewährte ich doch einer meiner besten Freundinnen Einlass.

Ich merkte, dass ich ohne Hilfe nun doch nicht klarkommen konnte. Sie half mir, die schweren Möbel auf den Anhänger zu bringen, um sie zu meiner neuen Unterkunft zu bringen.

Dann stand ich im Türrahmen meines Schlafzimmers und dachte darüber nach, dass hier in diesem Zimmer nur ich und Mr. Bink gewesen waren. Niemals hatten diese Räume und dieses Haus einen anderen Mann an meiner Seite als ihn gesehen. Und künftig sollte es nach dem Willen des Schicksals wohl so sein, dass nur dieser eine Mann und eine andere Frau darin wohnen sollten.

Eine Frau, von der ich nicht viel mehr als ihren Namen erfahren hatte.

Wieder war es eine vermögende Frau, die für die nächste Zeit in seinem Netz gefangen sein sollte.

Man sollte sie warnen, dachte ich mir, doch wer hatte mich gewarnt? Kein Mensch.

Aber es gehört nicht zu meinem Naturell, einen anderen ins Unglück rennen zu lassen, deshalb rief ich sie tatsächlich an. Aber sie legte auf, wollte nicht mit mir sprechen.

Dann soll sie doch selber ihre Erfahrungen machen. Soll sie doch schauen, was ihr am Ende übrigbleibt.

Bis dahin hatte ich mir ein Leben woanders, an einem anderen Ort als in meinem Traumhaus nicht vorstellen können. Doch jeder gefüllte Umzugskarton brachte mich diesem bisher unmöglichen Gedanken wieder einen Schritt näher.

Und mit jedem Gegenstand, den ich in die Kartons packte, verschwanden darin auch alle meine Wünsche, Träume und Erwartungen, die ich über all die Jahre hinweg mit diesem Haus verbunden hatte.

Ich setzte mich im Schneidersitz auf den Marmorboden, der selbst jetzt, beim Auszug, noch immer so glänzte wie damals, als ich ihn aussuchte, als würde er sagen, komm, hol deine Tanzschuhe und lass uns fröhlich sein. Tanze, singe, sei so wie immer, schau, ich bin es doch auch!

Die Wandmalerei mit den vielen Engeln auf der einen Seite meines Schlafzimmers hätte ich am liebsten übermalt, obwohl sie ohnehin nie lächelten, sondern eher traurig aussahen, denn ich wusste, dass niemand anderer als ich selbst die Bedeutung dieser Engel verstehen würde.

Ich empfand Trauer.
Ich empfand Wut.
Und ich empfand Hass.

Und ich wusste, dass ich nicht bleiben konnte. Dass jede Stunde, die ich von nun an länger in diesem Haus blieb, es nur noch schlimmer machen würde.

So beeilte ich mich, dass ich so schnell wie eben möglich mit dem Einpacken fertig wurde.

Ich wollte nur weg.

Als ich Stunden später mit fast allem fertig war, ging ich nochmals durch alle Räume.

Komisch, dachte ich, ich habe dieses Haus doch auch damals ohne Möbel gesehen, damals, als ich mich schließlich entschieden hatte, es für mich und meinen Sohn zu kaufen.

Ich hatte damals genau wie jetzt in jedem Raum gestanden und ihn in meiner Fantasie schon fertig eingerichtet gesehen. Es gehört zu meinen Fertigkeiten, dass ich in einem leeren Raum eine genaue Vorstellung bekomme, wo ich alle meine Möbel hinstelle, wie ich jeden Raum dekorieren könnte und wie ich dadurch jedem Raum Leben, mein Leben, einhauche.

Nun stand ich in denselben Räumen wie damals und empfand nur Kälte.

Und trotz aller Traurigkeit wusste ich schlagartig, dass dieses Haus, ohne das Leben, das Kay und ich ihm gegeben hatten, einfach ein schönes Haus mit weiß getünchten Wänden war.

Das Haus, das es gewesen war, mein Haus, mein Heim, war es nur durch das Leben geworden, das in seinem Inneren stattgefunden hatte.

Jetzt war es zwar noch ein Haus, aber kein Heim mehr, sondern nur noch eine Hülle aus vier Wänden und einem Dach.

Nicht mehr.

Und in diesem Moment, da ich die Kälte in mir hochkriechen fühlte, kam mir schlagartig die Erkenntnis, dass ein Haus nur dann richtig wohltuend wärmt, wenn es mit Leben gefüllt ist. Ansonsten hilft keine Zentralheizung gegen das innere Frösteln.

Und ich erkannte auch, dass die Umarmung eines geliebten Menschen einem mehr innere Wärme gibt als alle Feuer dieser Welt zusammen.

Alle diese Gedanken hatte ich in der letzten Stunde in meinem Haus, das nie wieder mein Haus sein sollte.

Zu meiner Erleichterung hatten meine Freundin und ich ganze Arbeit geleistet, und nach nur noch einigen wenigen Tagen konnte ich endlich für immer aus der Türe treten und hoffen, dass ich in meinem neuen Daheim, das ich für mich und meinen Sohn vorerst mal für drei Jahre gemietet hatte, bald ein neues Zuhause haben würde.

30 Mein Wundenlecken

Ich hatte es geschafft. Jahrelang hatte ich nicht einmal gewagt, an eine Trennung von meinem Mr. Bink zu denken, aus Furcht vor dem unweigerlichen Alleinsein, das ich vor Mr. Bink nur zur Genüge kennen gelernt hatte.

Und nun war ich es wieder. Allein.

Die Trennung von meinem Mr. Bink war letztlich eine Erlösung für mich, und doch führte sie mich unweigerlich in die Phase der Einsamkeit, in die Phase der Trauer und in die des Nichtverstehens.

Ich musste mir die Zeit nehmen, meine Wunden zu lecken.

Ich übersiedelte in das kleine Haus, das ich mal für die nächsten Jahre angemietet hatte. Ich richtete es wieder ein. Stellte hierhin, stellte wieder um, legte einen schönen Garten mit vielen herrlich blühenden Pflanzen an. Ich beschäftigte mich, um zu vergessen.

Ich begann mich auch Stück für Stück auf die wichtigsten bürokratischen Erledigungen zu konzentrieren.

Meine Ummeldung von dem einen Wohnort in den anderen stand da an oberster Stelle auf meiner To-do-Liste.

Und so kam es, dass ich drei Monate, nachdem ich aus meinem verlorenen Haus gegangen war, mich in dem dafür zuständigen Amt in eine lange Schlange einreihen musste.

Es waren mir für diesen Tag doch zu viele Menschen mit dem gleichen Ansinnen in diesem Büro, und so ging ich, den Kfz-Anmeldungs- und -Ummeldungsschalter suchend, an einem Schaukasten vorbei.

Was interessierte mich normalerweise ein Aushang von amtlichen Bekanntmachungen? Wer wann gestorben war, wann Familie X eine Tochter oder einen Sohn bekommen hatte, ich kannte doch die Leute ohnehin nicht, sodass ich weder mit ihnen mitfühlen noch mich mit ihnen freuen konnte. Da jedoch sowohl vor dem einen Büro als auch vor dem Schalter Trauben von Gleichgesinnten standen, widmete ich mich aus reiner Langeweile dem genauen Studium dieser Aushänge.

Ich bekam an dem Schaukasten bestätigt, was ich immer schon wusste.

Nämlich, dass man sich manchmal an einem Ort befindet, wie von unsichtbaren Fäden genau in diesem Moment just dort hingezogen, und man muss etwas sehen, hören, was man niemals, wäre man eben nicht zur richtigen Zeit an diesem Ort, erfahren hätte.

Und so las ich eine Hochzeitsanzeige.

Ein Paar teilte seine in Kürze stattfindende Vermählung mit. An sich eine Nachricht wie alle, die ich in den letzten Minuten vorher gelesen hatte.

Und doch war diese anders. Hier kannte ich die Personen. Es war niemand Unbekannter für mich.

Mein Mr. Bink heiratet, stand da.

Er, der die ganze Zeit während unserer Beziehung niemals heiraten wollte, fast fluchtartig immer den Raum verließ, wenn meine Freundinnen ihn danach fragten, er heiratet.

Unglaublich.

Ich spürte, wie mir das Blut in die Beine sackte. Ich musste mich hinsetzen. Ich war fassungslos.

Ich lag emotional seit Wochen am Boden, und er schaffte es sogar aus der Entfernung, mir Tritte zu versetzen.

Ich weiß bis heute nicht, wie ich heimkam. Und es ist mir bis heute völlig schleierhaft, wieso ich am nächsten Tag meine Ummeldung in meiner Handtasche vorfand.

Hatte ich das doch noch gemacht?

Ich weiß es nicht. Ich glaube, die Nachricht hatte mich in eine Art Schockzustand versetzt, aus dem ich erst am nächsten Morgen wieder aufwachte.

Die vermögende Dame, die er heiratete, wollte offensichtlich ihre Schatulle erst öffnen, wenn der Ehering an ihrem Finger glänzte!

Vor Emotionen und Schmerz kann man nicht flüchten, man kann versuchen, sich durch Arbeit oder Sport abzulenken, doch es hilft nichts. Man muss da durch. Und es ist eine verdammt lange, einsame Strecke Weg, die man zurücklegen muss. Bei mir waren es diese unbeantworteten Fragen nach dem Warum. Warum er mir das antat, warum er einfach einen Schalter umlegen konnte, um ein völlig anderer Mensch zu sein, und warum, warum, warum.

Da sind auf einmal wieder die Weihnachten alleine, der Jahreswechsel, der Besuch dieser oder jener Veranstaltung, wo man ständig mit der Tatsache des neuerlichen Alleinseins konfrontiert wird, denn nun kommen die Fragen, wo Er denn sei.

Und man windet sich am Anfang vor der wahrheitsgemäßen Beantwortung.

Es sollte ja bloß kein Außenstehender sehen, wie es innen drin in einem aussieht.

Deshalb nach außen hin das gewohnte Lachen und nach innen das Weinen. So ging es über anderthalb Jahre.

Was ich aus der Zeit meiner Einsamkeit in mein jetziges Leben ohne Mr. Bink als liebgewonnene Gewohnheit übernommen habe, sind die frühmorgendlichen Golfspiele. Damals wollte ich keine Menschen um mich haben, niemanden, der mich nach dem Verbleib meines Mr. Bink fragt, und doch wollte ich meinem liebsten Hobby, dem Golfen, nachkommen.

Sobald es hell wurde, fuhr ich zum Golfplatz und genoss den beginnenden Tag. Diese anfangs hörbare Stille und dann das Munterwerden der Vögel, die ersten warmen Sonnenstrahlen, da merkte ich jedes Mal, dass meine eigenen Probleme der Natur völlig gleichgültig waren und sind.

Und das ist gut so.

Der Baum steht seit hundert Jahren am selben Platz, spendet Unterschlupf und Schatten und hat sich noch niemals durch einen Mr. Bink aus seinem natürlichen Jahresrhythmus bringen lassen.

Und so konnte ich endlich wieder, durch den wiedergewonnenen Einklang mit der Natur, mich auf das besinnen, was wirklich wichtig in meinem Leben ist. Und daran zu denken, was ich in meiner Jugend durch meine vielen Reisen in buddhistische Länder von den Mönchen als Weisheit gelehrt bekam.

Es heißt, wenn man dem Dalai Lama die Hand geschüttelt hat, dann hat man Glück im Leben. Ich hatte es, als ich ihn vor einigen Jahren, im Rahmen einer Gala, persönlich treffen durfte. Ich bewundere ihn für seinen unermüdlichen Einsatz in der Dritten Welt. Er ist für uns alle, die wir uns im sozialen Bereich engagieren, ein leuchtendes Vorbild. Sein Einsatz ist unerschöpflich und seine Lebensweisheit unermesslich.

Eine Weisheit, die noch heute zu einer meiner wichtigsten Lebensphilosophien gehört, ist folgende: Dass man das Auf und Ab des Lebens mit einem Rad vergleichen kann.

Ein Rad dreht sich, und nur durch eigene Energie kommt es wieder nach oben. Am Lebensrad ist kein Motor, der einem diese Arbeit vielleicht abnehmen könnte. Nein, nur durch eigene Kraft und Stärke ist es möglich, wieder nach oben zu gelangen.

Als ich mich endlich wieder auf meine innere Antriebsfeder besonnen hatte, ehrlich und schonungslos mit mir selbst war, ging es mir besser.

Ich wusste, dass ich mir andere, neue Ziele stecken musste. Es wurde mir ganz plötzlich bewusst, dass ich zwar sehr, sehr viel verloren hatte, doch nicht den Glauben an meine Ideale.

Schon seit fast 20 Jahren setze ich mich für die Not der Ärmsten der Armen, für die Kinder in der Welt ein. Ich habe unzählige Reisen mit einer Hilfsorganisationen gemacht, wo ich vor Ort das Elend und das Leid der Kinder sah.

Ich sah Frauen, die in Senegal für die Geburt ihres Kindes, wollten sie es in einem Krankenhaus zur Welt bringen, einen vierwöchigen Marsch in Kauf nehmen mussten. Denn die einzige Maternité, eine Geburtsklinik, war in Dakar.

Die Menschen dort haben Probleme, von denen wir hier in Europa nicht einmal eine Ahnung haben. (Und umgekehrt: Würde mein Buch jemals in „Wollof", die Landessprache Senegals, übersetzt werden, wüsste keine Afrikanerin, worum es in meinem Buch geht.)

Wir können, sollten wir ärztliche Hilfe benötigen, mit dem Auto ins nächstgelegene Krankenhaus fahren, oder wir rufen die Rettung und werden schnellstmöglich medizinisch versorgt.

Doch in den Ländern der so genannten Dritten Welt ist alles anders.

Durch falsche Politik, Machtgier und durch Fanatismus werden ständig Kriege geführt, und die Kinder sind die Hauptleidtragenden. Sie verlieren ihr spärliches Zuhause, ihre Eltern und oftmals selbst ihr Leben. Werden sie verletzt, müssen sie Qualen erleiden, die fürchterlich und kaum vorstellbar sind.

Die Bilder von toten und schwerstverwundeten Kindern prägten sich über all die Jahre unauslöschlich in mir ein und zeigten mir in der Phase meiner persönlichen Traurigkeit, dass es viel wichtigere Probleme auf dieser Welt gibt, als meine eigenen Wunden zu lecken.

Die Kinder in der Welt brauchen unsere Hilfe. Uns, denen es gut geht, uns, denen alles selbstverständlich geworden ist, sollte deren Schmerz und deren Leid nicht gleichgültig sein. Man darf nicht wegsehen, wenn ein namenloses verletztes Kind aus Trümmern geborgen wird. Es muss in uns allen ein Umdenken anfangen, dass irgendwann dieses Elend ein Ende hat.

Denn es sind nicht nur die fehlenden medizinischen Einrichtungen, der Mangel an Ärzten und Medikamenten, die Hilfsorganisationen jahrein, jahraus beschäftigen, sondern eines der größten und wichtigsten zu lösenden Probleme ist die der Wasserversorgung.

Dafür will ich mich in Zukunft einsetzen, dafür will und werde ich gehen!

31 Algen aus Japan

Wie es auch oftmals der Fall ist, wenn man emotionales Leid empfindet, kommt das körperliche auch noch dazu.

Ich ging zu einem Arzt, der schickte mich zum nächsten, und beim übernächsten bekam ich Hilfe und beinahe Heilung.

Er empfahl mir, zusätzlich zu einer radikalen Kostumstellung auch noch ein Algenprodukt zu verwenden, das er auf seinen Japan-Reisen mal entdeckt hätte, das es aber weder in Belgien noch in Deutschland zu kaufen gab.

Und? Wie sollte es mir dann helfen?

Er schenkte mir erst einmal eine große Packung und besprach genauestens die tägliche Einnahme. Er zelebrierte fast, was er mir da mitteilte. Er erklärte die einzelnen Bestandteile, erklärte deren Wirkung, und er erklärte mir aber auch, dass ich dieses Produkt dringend benötigen würde. Und zwar täglich mehrmals und über einen längeren Zeitraum.

Alles in allem fühlte ich mich bereits nach kürzester Zeit gesundheitlich wieder hervorragend.

Wie ich es sollte, erhöhte ich die Anzahl der Algentabletten nach Anweisung und stellte mit Entsetzen fest, dass meine Packung immer schneller schrumpfte.

Also begab ich mich auf die Suche nach diesen Tabletten.

Es gab sie offenbar wirklich nirgendwo zu kaufen.

Mit meinem Sohn setze ich mich eines Abends an seinen Computer, und anhand des Beipacktextes fanden wir bald die Firma im Internet.

Wir sandten eine E-Mail, denn ich wollte die Tabletten direkt bestellen, doch so einfach, wie ich gehofft hatte, war das alles nicht.

In so kleinen Mengen konnten die Japaner nicht versenden, doch sie freuten sich sehr über mein Interesse und fragten mich zu meiner Überraschung, ob ich nicht die Repräsentanz für Deutschland übernehmen möchte.

Hm, eine Fernsehfrau soll eine völlig unbekannte Marke einführen?

Doch da ich die hervorragende Wirkung dieser Tabletten ja bei mir selbst täglich besser und besser spürte und meine sämtlichen Freundinnen sie auch unbedingt ausprobieren wollten (ich gab aber von meinen nichts ab), sprang ich ins eiskalte Wasser.

Ich setzte mich mit meinem Sohn an unseren „Besprechungstisch" in der Küche. Wann immer einer von uns beiden dem anderen dringend was mitteilen musste, waren es von Seiten meines Sohnes seine Schulnoten, über die wir eine längere Diskussion führen mussten, oder von meiner Seite, wenn mal wieder eine Reise nach A oder B anstand; alles wurde an diesem Tisch abgehandelt.

Als mein Sohn Platz nahm und die ausgedruckten Internetseiten sah, wusste er gleich, worum es ging.

Wann fliegen wir?, war seine Frage.

Wow, mein Sohn ist ein Wahnsinn.

Ich hatte selbst kaum daran zu denken gewagt, würde diese Reise doch ein gewaltiges Loch in unsere ohnehin spärlichen Finanzen reißen, doch er hatte ja Recht.

Ich war selten von etwas so begeistert und beeindruckt wie von diesem Algenpräparat. Wenn es in so kurzer Zeit schon mir so gut geholfen hatte, konnte es anderen doch auch helfen.

Wenn sie aber niemand kennt, können die Tabletten auch nicht nutzen.

So dauerte die Entscheidung, dass wir gemeinsam nach Japan fliegen, nur ganz kurze Zeit.

Die Firma schickte uns einen Wagen, der uns nach Kyoto fuhr. Dort wurden wir empfangen wie Staatsgäste.

Wir besuchten die Hauptzentrale, die an diesem Tag sogar mit holländischen und belgischen Fahnen geschmückt war. Es sah fast so aus, als wäre unsere Königin auf Staatsbesuch in Japan. Wir wurden durch die Produktion und den Vertrieb geführt, und sehr schnell kamen wir zum geschäftlichen Abschluss.

Mein Sohn und ich waren stolz aufeinander.

Ich auf ihn, dass er so begeistert mit mir in dieses eiskalte Becken sprang, denn es hätte ja auch ganz anders ausgehen können, und er auf mich, denn er war glücklich, dass ich meiner Lethargie wieder entkommen war.

Ich hatte eine wichtige Aufgabe, eine, hinter der ich voll stehen konnte, und, was das Allerwichtigste dabei war, ich verdiente wieder Geld.

Anders zwar, als ich es in den vergangenen Jahren getan hatte, aber um keinen Deut weniger interessant.

Die Firma wurde in Düsseldorf ansässig, kompetente Mitarbeiter führen den Betrieb, und egal, wo ich in die Haushalte meiner Freunde und Bekannten komme, sehe ich die Schachteln mit den Tabletten in der Küche oder im Bad oder gleich am Esstisch stehen.

So kann aus einem simplen Arztbesuch eine Lebensgrundlage werden.

32 Meine beruflichen Männer

Männer, die ich leider nur beruflich durch mein Leben spazieren ließ.

In meinen vielen Fernsehshows hatte ich oft mit Männern zu tun, die als Traummänner schlechthin galten und gelten. Für mich, für unsere Assistentinnen, für unser weibliches Publikum.

Traummänner aber auch deshalb, weil sie allesamt letztlich ein Traum blieben.

Aber, mein Gott, bei dem einen oder anderen habe ich doch wirklich nicht nur des Lampenfiebers wegen weiche Knie bekommen!

Ich lernte Harry Belafonte persönlich kennen und wusste genau, warum Millionen Frauen von ihm schwärmten. Wow, was für ein Mann, dachte ich am Tag vor der Sendung bei einem gemeinsamen Abendessen, wo er mir seine Ideale und seine Zukunftspläne verriet. Leider waren am nächsten Tag die 90 Minuten unserer Sendung schneller vorüber als sonst, wie mir schien, und er verabschiedete sich höflich und galant. Aber ein silbergerahmtes Foto auf meinem Kamin erinnert mich noch heute an diese Begegnung.

Meine Güte, spätestens, als ich neben Alain Delon stand, konnte ich Romy Schneider verstehen, wieso sie für diesen Mann den Kopf verloren hatte.

Und da war John James, der fesche Jeff aus dem Denver-Clan. Auch er entführte mich leider nicht nach Hollywood. Eine hübsche Aufnahme von uns beiden hängt noch heute an meiner Foto-Pinnwand in meinem Büro.

Und obwohl man es uns oftmals unterstellte, machte auch der bekannteste Holländer, Rudi Carrell, nur beruflichen Halt in meinem Leben. Er engagierte mich vom Fleck weg für die Sendung „Am Laufenden Band“. Als mich sein Schwiegersohn auf einem Schiff in der Antarktis, zwischen Eisbergen und Pinguinen, beobachtet hatte, genügte ein Anruf von ihm bei Rudi, und ich hatte einen neuen Job. Ich arbeitete damals noch für den größten deutschen Reiseveranstalter als Reiseleiterin, Entertainerin und Mädchen für alles.

Mohammed Ali, vormals Cassius Clay, bezauberte nicht nur mich, sondern auch das Publikum mit hinreißenden Anekdoten aus seinem Leben.

Nicht zu vergessen den King of Pop! Michael Jackson lernte ich zu einem Zeitpunkt kennen, als seine Haut gerade beim Wechsel von Milchkaffeebraun zu Weiß war. Und seinen Hang zum leisen Sprechen hatte er damals auch gerade als Stilrichtung für sich entdeckt.

Der zweifache irische Sieger des „Grand Prix de la Chanson“, Johnny Logan, war auch in meiner Sendung. Wir verstanden uns auf Anhieb sehr gut, und er sang mir zwar am Abend, als wir gemeinsam mit der Crew essen waren, seinen Siegersong „It's another year“ ins Ohr, doch das war's dann auch schon.

Jürgen von der Lippe – was für ein fantastischer Kollege er all die Jahre doch für mich war! Wir hatten bei den Sendungen immer einen Mordsspaß, und es war durchaus nicht ungewöhnlich, dass wir ein gemeinsames Frühstück (wohlgemerkt, immer nach einer getrennt voneinander verbrachten Nacht!) genossen. Er zwanglos in Unterhosen und mit Struwwelpeterhaaren und ich im Pyjama mit Lockenwicklern. Ein tolles Paar! Wir konnten stundenlang unsere Sketches einstudieren und merkten oft gar nicht, dass bald Mittag war.

Bei den Dreharbeiten zum „Schloss am Wörthersee" traf ich meinen langjährigen Freund Roy Black wieder. Wir kannten einander schon aus seinem Heimatort Augsburg und freuten uns sehr über unser Wiedersehen. Ich spielte in einer Episode der Serie eine holländische Krankenschwester. Mein Sohn kam mit zu den Dreharbeiten, und Roy begleitete uns eines Nachmittags nach Klagenfurt ins Minimundus, der kleinen Stadt am Wörthersee. Ich werde nie vergessen, wie wir, er Hand in Hand mit meinem kleinen Sohn, über das Gelände spazierten und er uns die originalgetreuen Nachbildungen von berühmten Gebäuden erklärte. Er erzählte uns, welche er bei seinen Konzerten im Original in der jeweiligen Stadt bereits gesehen hatte. Fassungslos waren wir dann zwei Tage später, denn da erfuhren wir von seinem tragischen Ableben.

Mit dem leider auch so tragisch verstorbenen Rudolph Moshammer hatte ich bei unserer Sendung ein herrlich tierisches Erlebnis. Ich hatte erst wenige Wochen vorher bei einem Waldspaziergang einen fast verhungerten Yorkshire Terrier gefunden und ihn mit nach Hause genommen, wo er von meinen beiden anderen Hunden argwöhnisch betrachtet wurde und von meinem Sohn den Namen Stranger bekam. Da ich ihn an unser Leben gewöhnen musste und wollte, war er in einer kleinen Tasche auf dem Schoß meines Sohnes mit bei der Sendung. Nun kam Mosi mit seiner Daisy auf dem Arm, und mein kleiner Stranger dachte wohl, er sei im Hundeparadies. Jedenfalls stürzte er sich, zerzaust und abgemagert wie er noch war, auf diese so edel herausgeputzte Yorkshire-Hündin und wollte sie vor laufenden Kameras vernaschen. Alle brüllten vor Lachen, dem armen Mosi verging es leider!

Ganz stolz bin ich auch heute noch auf ein Interview der ganz besonderen Art. Ein sehr talentierter Schauspieler und Kabarettist, der in Düsseldorf große Erfolge feierte, war Gast in unserer Sendung. Er war auf Anhieb sympathisch, war locker, wir hatten viel Spaß bei unserem Gespräch, und es stellte sich noch während der Sendung heraus, dass ich sein allerersten weibliches TV-Gegenüber war. Es war Harald Schmidt, und wir haben einander noch viele Male bei Sendungen getroffen.

Mit den Jahren wird man ja klüger, sagt man.

Als mein Jugendschwarm Paul McCartney, für den ich einst bei einem seiner Konzerte in diese Amsterdamer Gracht gesprungen war, mir bei unserer Sendung gegenüberstand, hatte ich zwar noch immer weiche Knie, doch mehr leider nicht. Alles musste bei ihm so schnell gehen, er war leider mit dem Kopf schon ganz woanders, als wir ihn interviewt hatten. Ich war ein klein wenig enttäuscht, aber in der Realität können Jugendträume nun mal wie Luftballons sehr schnell zerplatzen.

Also, bei den Bee Gees stand sofort fest, dass Barry Gibb nicht nur mein Schwarm war. Die Mädels im Saal tobten! Leider brauchten die Jungs keine weibliche Stimme in ihrer Gruppe, weil sie selber so schön hoch singen konnten. Ich hätte sonst alles stehen und liegen lassen und wäre mit ihnen auf Tournee gegangen.

Eine tolle Paarung waren David Hasselhoff und ich. Er baumlang und ich, trotz High Heels, kaum bei ihm auf Achselhöhe. Wir hatten sehr viel Spaß bei der Sendung, und auch danach, als wir gemeinsam mit der Crew beim Abendessen waren. Und nach wie vor muss ich schmunzeln, wenn ich daran denke, dass er bis heute glaubt, sein Song „Looking for Freedom“, den er am 9. November

1989, dem Abend des Mauerfalls in Berlin, sang, sei der alleinige Auslöser für dieses Weltereignis gewesen.

Zwei Schauspieler vom Kaliber Terence Hill und Bud Spencer sind für jede Sendung ein Gewinn. Selbst bei unserem Interview saßen die beiden da, als seien sie eben gradewegs mit einem Gaul ins Studio gekommen. Als würden sie nur darauf warten, dass ihnen sofort Bohnen mit Speck serviert werden. Und eines kann ich sagen: Diese Blicke aus den blitzblauen Augen von Terence Hill gehen einem durch und durch!

Richard Gere war zu dem Zeitpunkt unseres Treffens noch mit Cindy Crawford verheiratet, und aus diesem Grund will ich ihm mal nachsehen, dass er keine Augen für mich hatte.

Es ist ja nicht so, dass nicht auch Prinzen in mein Leben getreten wären. Meine Mädchenträume hätten weiß Gott ganz leicht in Erfüllung gehen können. Doch leider waren die beiden charmanten Gäste in einer unserer Sendungen, Poldi von Bayern und Eduard von Anhalt, einfach mehr an Autos und Rennsport als an der holländischen Moderatorin interessiert. Wobei wir einander bis heute gerne bei diversen Festen treffen und uns immer sehr über das Wiedersehen mit den Familien freuen.

Thomas Gottschalk und ich waren lange Zeit beim gleichen Sender beschäftigt. Wir machten viele Gala-Moderationen gemeinsam. Er ist ein liebenswerter, sympathischer Kollege, und in meiner ganzen Fernsehzeit hatte ich keinen Partner an meiner Seite, mit dem Live-TV so viel Spaß machte. Wir konnten einander spontan die Bälle zuspielen, ohne vorherige Absprache und Proben. Fernsehen von der schönsten Seite!

Wenn wir im Team nach den Sendungen mit Mike Krüger zu Abend aßen und ich den Platz neben Mike hatte, musste ich mich immer nach vorne beugen, um an seiner Nase vorbeizusehen. (Verzeih!) Bei unseren Moderationen waren wir ein gut eingespieltes Team. Ich bewundere an Mike, dass er immer mit beiden Beinen auf dem Boden geblieben ist.

Auch Frank Elstner und ich hatten jahrelang den gleichen Sender als Arbeitgeber. Und doch schaffte er es, mich ohne mein Wissen und Zutun zu verblüffen. Frank hatte mich in seine Überraschungs-Show „Wir reden über die Liebe" eingeladen und fragte mich über meinen allerersten Freund aus. Ob ich noch seinen Namen wüsste. Klar, sagte ich, plauderte über ihn, erklärte aber, dass ich ihn seit meinem 18. Lebensjahr nicht mehr gesehen hätte. Er sei in Montreal als Psychologe tätig.

Was machte Frank? Er spielte mir einen Videogruß meines Jugendfreundes vor, den das Fernsehteam in Montreal aufgestöbert hatte. Ich war total überrascht, und zugleich habe ich mich sehr darüber gefreut.

Wenn Roland Kaiser und ich einander heute wiedersehen, staunen wir zwar oft, wie viel Zeit seit unserem letzten Treffen vergangen ist, doch grad so, als sei es erst gestern gewesen, können wir losplaudern und losplaudern. Er ist ein liebenswerter Kollege, den ich immer sehr schätze.

Werner Schulze-Erdel, wenn ich an ihn denke, sehe ich ihn in weißen Tennissocken. Wir teilen ein gemeinsames Hobby, und daher treffen wir einander sehr häufig bei Golfturnieren. Wir haben dann immer Zeit und Gelegenheit, über unsere gemeinsame Vergangenheit beim gleichen Sender zu plaudern.

In einer Fernsehserie war Karsten Speck mein „Lebenspartner", der nur im Film in mich verliebt war. Er war immer ein so lieber Kollege, ein so reizender Typ, dass es mir Leid tut, in welche Schwierigkeiten er später kam.

Ich traf Lionel Ritchie als Erstes zu einem gemeinsamen Frühstück. Beinahe hätten wir auch schon das Mittagessen kommen lassen können, so viel hatten wir für die Sendung und über sein Leben und seine Pläne zu plaudern. Er ist ein unglaublich toller Mann, an allem interessiert, offen, und er schwärmte von seinem Familienzuwachs, seiner Adoptivtochter, über die heutzutage die Gazetten wöchentlich berichten.

Ebenso wie Udo Jürgens war auch Howard Carpendale nur ein beruflicher Stopp-Mann in meinem Leben. Wir haben zig Sendungen gemeinsam gemacht und uns immer blendend verstanden.

Mit Rex Gildo konnte man herrlich blödeln. Wir haben in vielen Sketches gemeinsam gespielt, und der Gedanke an seinen Tod erschüttert mich noch heute.

Also wirklich ganz weiche Knie bekam ich bei Peter Hofmann. Was für eine Stimme, was für ein sympathischer Mann. Leider ist er jetzt sehr krank, und ich wünsche ihm auf diesem Weg alles Gute.

Ralph Morgenstern ist seit meinen Anfängen beim Sender in Köln ein liebenswerter Freund. Er gehörte zu jener Clique, die mich an meinem 40. Geburtstag mit einer Party überraschte. Wir haben schon viel miteinander gemacht und mindestens genauso viel gemeinsam gelacht.

Jedes Mal, wenn ich den Fernsehapparat aufdrehe und Günther Jauch beim Moderieren einer Sendung sehe, frage ich mich, wie viel Energie ein Mensch wohl haben kann. Ich kenne ihn aus unserer gemeinsamen RTL-Zeit. Er ist immer kompetent, und ich würde mich nicht wundern, wenn er eines Tages all seine Energie bündelt und Bundeskanzler wird.

Apropos Bundeskanzler:

Ich schätze und verehre Alt-Bundeskanzler Dr. Helmut Kohl. Immer, wenn ich neben ihm stand, war ich wieder gut Freund mit meiner Waage. Er mag mich, weil ich mich sehr gut mit seiner leider schon verstorbenen Frau Hannelore verstanden habe. Einmal hatte ich einen WWF-Club moderiert und die ganze Sendung lang in ihren Stiefeln gestanden. Wieso? Meine, die ich trug, gefielen Frau Kohl nicht, und nach Feststellung der gleichen Schuhgröße musste ich meine ausziehen und ihre tragen!

Michael Schanze und mich verbindet seit Jahren eine liebe, ehrliche Freundschaft. Die Kindersendungen, das Gefühl des richtigen Umgangs mit Kindern und unsere Musikalität lassen uns bei jedem Treffen niemals den Gesprächstoff ausgehen. Jetzt haben wir ein neues Thema. Wir sind beide begeisterte Golfer und treffen einander häufig bei Turnieren. Und doch haben wir noch nie im selben Flight gespielt.

Bei der Personality-Show „Superfan" über seine Person hatten Peter Maffay und ich sehr viel Spaß. Ich bewundere ihn für seine unermüdliche soziale Ader. Er ist ein Mann, der nicht nur redet, sondern macht. Ein toller Sänger, ein wunderbarer Mensch.

Seit 1978 kenne ich Alfred Biolek aus Sendungen mit Rudi Carrell. Bei unserer letzten Begegnung war ich Gast in seiner Kochsendung. Ich bereitete Gado-Gado zu, ein indonesisches Gericht, und brauchte dafür unter anderem auch hartgekochte Eier. Ich kochte viel zu viele Eier, und als das Gericht, das übrigens hervorragend schmeckte, angerichtet war, sah man fast nur die Eier und sonst nichts.

Mit Klaudi Fröhlich, dem Regisseur des WWF-Clubs, verbindet mich eine innige Freundschaft. Er und seine Frau Marlis sind meine Kölner Familie. Wir sind in all den Jahren durch dick und dünn gegangen, und ihm habe ich auch meine erste „Sprengung" zu verdanken. Zu einem Lied musste ich mich auf einen riesigen holländischen Gouda-Käse stellen, den er explodieren lassen wollte. Das dafür vorgesehene Loch war mittig, und genau in dem Moment, in dem er die „Explosion" einleitete, stand ich genau auf diesem. Ich bekam die volle Ladung Konfetti von sieben atü quer durch den Körper, und selbst ein Jahr später, bei der Geburt meines Sohnes, dachte ich, er sei noch immer zwischen Konfetti gebettet.

Einer der allerwichtigsten Männer in meinem beruflichen Leben war mein so genannter Fernsehvater, Hans-Joachim Hüttenrauch. Ihm verdanke ich unendlich viel. Er leitete mich mit einer strengen, aber wohlwollenden und gerechten Hand durch mein Fernsehleben. Seine Kritiken hatten Hand und Fuß, und sein Lob war grundehrlich. Er war der einzige Mensch, dem ich in all den Jahren blind vertraut habe. Sagte er, die Sendung war gut, so war es dies auch, und meinte er, sie sei schlecht gewesen, dann war es eben auch so. Er hatte kein einziges Mal in all den Jahren, da ich das Glück hatte, unter seiner Obhut zu stehen, mich mit seinen Aussagen gekränkt oder verletzt, wie dies oft bei anderen Chefs der Fall war. Ich bedaure seinen Tod noch immer und denke oft mit Hochachtung an ihn.

Ich beende jetzt die Aufzählung meiner beruflichen Männer, und alle die, die ich hier nicht erwähnt habe, mögen mir dies nachsehen, denn ansonsten hätte mein Buch 500 Seiten!

33 Wasser für die Welt

Zum Leben und zum Überleben brauchen wir alle Wasser.

Wo kein Wasser, da kein Leben.

Wo kein Leben, da keine Zukunft.

Die Erdoberfläche wie der Mensch bestehen zu fast 70 Prozent aus Wasser. Wasser ist die wichtigste Energiequelle der Welt. Denn nur drei bis fünf Tage kann ein Mensch ohne Wasser überleben.

Wir gehen mit dem kostbaren Gut Wasser recht gedankenlos um. Wenn nicht bald ein Umdenken einsetzt, wird in gar nicht mehr so langer Zeit ein Liter reines Trinkwasser teurer sein als ein Liter Öl.

Es gibt aber bereits weltweit Technologien, die in unmittelbarer Zukunft einen großen Teil der Wasserversorgung, insbesondere in der Dritten Welt, sichern könnten.

Dort geht es aber nicht nur um genügend Wasser, es geht auch um sauberes Wasser. Viele Krankheiten, die zum Tod führen, gäbe es dann nicht mehr. Denn viele Krankheiten ließen sich einfach durch sauberes, unverseuchtes Trinkwasser vermeiden.

Ich habe mich überall in der Welt informiert, wo es Entwicklungen gibt, die helfen können, dieses Problem zu lösen, und ich habe mich intensivst mit den verschiedenen technischen Realisierungsmöglichkeiten beschäftigt.

So fand ich einen holländischen Erfinder, der eine Pyramide gebaut hat, in der er Regenwasser auffängt, um daraus sauberes Trinkwasser zu machen.

Es gibt eine effiziente Art der Meerwasserentsalzung. Aus Salzwasser wird Trinkwasser gemacht.

Es gibt Wasseraufbereitungsanlagen ebenso für allgemeines Schmutzwasser wie auch für Flusswasser.

Ich habe mich über Brunnenbohrtechniken informiert und über Regenwasseraufbereitung.

Und vor allem fand ich auch heraus, dass zwei Firmen auf dieser Welt, eine kanadische und eine deutsche, Trinkwasser aus Luft herstellen können! Die deutsche Firma hat sogar zusätzlich noch eine Kombinationsentwicklung: das Trinkwasser aus der Luft und eine Kühlung dazu.

Somit stünden sowohl reines Wasser als auch die Möglichkeit, Operationsräume, Blutkonserven und Krankenhäuser zu kühlen, zur Verfügung.

Bei der Trinkwassergewinnung aus der Luft wird die Umgebungsluft über eine kalte Oberfläche geführt. Hierbei kondensiert der in der Luft befindliche Wasserdampf aus und wird in einem Speicherbehälter gesammelt. Danach wird das Wasser gefiltert und mineralisiert, sodass es dann als sauberes Trinkwasser zur Verfügung steht.

Solche Anlagen gibt es in unterschiedlichen Größen, von 20 bis zu 5.000 Liter pro Tag.

Die Trinkwassergewinnung aus der Luft bietet neben der Wasserversorgung einige Vorteile, die sich mit den anderen Techniken nicht verwirklichen lassen.

Hier können zum Beispiel mit einer Anlage bis zu 700 Liter reinstes Trinkwasser bereitgestellt werden, und gleichzeitig können mit der Anlage rund 25 Tonnen Lebensmittel gekühlt und 130 Quadratmeter Operationssäle klimatisiert werden. Noch ein Vorteil dieser Anlage ist das Aufheizen des Brauchwassers auf 65 Grad Celsius. Damit steht auch heißes Wasser für die Hygiene zur Verfügung.

Es wäre wünschenswert, wenn baldmöglichst eine Kombination der verschiedenen Techniken zum Einsatz kommen könnte.

Denn es macht mich krank, dass es diese Technologien bereits gibt, ohne dass sie eingesetzt werden, weil wir aus den von Wassermangel betroffenen Ländern viel lieber die Bodenschätze holen, als etwas hinzubringen, was den Menschen effektiv helfen könnte.

Es kann sich dort niemand eine Flasche Wasser kaufen. In Zentralafrika müssen nach wie vor täglich Kinder sterben, weil wir nicht rechtzeitig mit den vorhandenen Technologien vor Ort waren, um ihr Leben zu retten.

Ich habe es mir zur Aufgabe gemacht, die unterschiedlichen Technologien zu den Kindern dieser Welt zu bringen.

Es soll bald der Vergangenheit angehören, dass eine Frau in Afrika vier, fünf Stunden am Tag laufen muss, nur um zwei Schüsseln Wasser für ihre Familie zu holen.

Es muss endlich Schluss sein, dass Kinder nicht zur Schule gehen können und dürfen, weil sie ja „Wasserträger" sein müssen.

Und es macht mich krank, wenn wir bei diesem Elend zusehen und nicht helfen, wo doch die Lösung einzig und allein bei uns liegt.

Ich werde, sobald es möglich ist, die erste Technologie, die eben am besten und effizientesten das Problem löst, an die von mir gegründete Maternité in Senegal bringen. Ich bin seit vielen Jahren eng mit diesem Geburtskrankenhaus verbunden, und deshalb will ich an diesem Ort beginnen, die mir selbst gestellte Aufgabe zu erfüllen.

Es muss gelingen, große Weltfirmen für eine Kooperation zu gewinnen, denn all diese Maschinen brauchen Energie (Solarenergie, Windenergie oder Öl), um betrieben werden zu können.

Deshalb wurde sie gegründet, die „Marijke Amado Water for the World Foundation".

Sie hat es sich zur Aufgabe gemacht, die Trinkwasserversorgung der ärmsten Menschen auf der Welt zu verbessern und langfristig zu sichern, und sammelt Geld, um die jeweils effektivste Technik einzusetzen.

Ich bin bei dieser schweren Aufgabe aber Gott sei Dank nicht alleine. Experten sind an meiner Seite, die mich dabei unterstützen, diese Aufgabe bestmöglichst umzusetzen. Die mir dabei helfen, damit ich den schweren Weg nicht alleine gehen muss.

Es sind viele engagierte Männer dabei, denen ich an dieser Stelle von ganzem Herzen danke, und kein einziger von ihnen ist ein Mr. Bink.

34 Der Mann nach Mr. Bink

Männer, die ich heute kennen lerne, haben es ja wirklich nicht leicht.

Jemand, der mal so betrogen wurde, so viel gelitten und geweint hat, so viel verloren hat und es von ganz alleine wieder geschafft hat, auf die Beine zu kommen, kann keine hilfsbedürftige, kleine, für alles Verständnis und Friede, Freude, Eierkuchen heuchelnde Partnerin sein.

Ich kann mir einen Reinfall, wie ich ihn mit Mr. Bink hatte, nicht nochmals leisten. Weder emotional noch finanziell.

Das schon gar nicht.

Ich habe leider die Erfahrung machen müssen, dass der mächtige Reiter auf dem weißen Pferd oftmals hässliche schwarze Schatten hinterlässt.

Ich habe meinen Mut aber nicht verloren.

Ich bin jedenfalls sicher, dass ich meinen Mr. Right auch noch finden werde.

Ich hätte da schon den einen oder anderen im Auge, aber ich will die Herren erst einmal aus der Ferne beobachten. Ohne dass sie es merken. Mal ohne eigene Emotionen sehen, wie sie mit Menschen umgehen, ob das, was sie sagen und denken, wie sie handeln, auch mit meinen Gedanken und vor allem mit meinem jetzigen Leben übereinstimmen könnte.

Und so werde ich meine Zeit auch ohne einen neuen Partner genießen.

Ich werde ihn nicht suchen, denn wenn ich den Aussagen einer Kartenlegerin Glauben schenken darf, kommt er ohnehin von ganz alleine, zum richtigen Zeitpunkt auf mich zu, und ich würde es dann schon merken.

So einfach sei das.

Na, dann schauen wir mal.
Ich habe ja Zeit.
Und ich kann warten.

Auf ihn.

Epilog

Ich habe durch das, was mir widerfahren ist, gelernt, dass die Energie, die man in Männer wie Mr. Bink steckt, verlorene Energie ist. Lieber diese Energie in Projekte und Menschen stecken, wo sie gebraucht wird und wo Gutes damit getan werden kann.

In unserer Welt geht es doch hauptsächlich nur um Macht, Erfolg, Neid und Geld.

Nehmen wir mal meine Branche, das Fernsehen, her. Als Frau ist man da mit 45 Jahren schon wie ein ausrangierter Waggon und findet sich auf dem Abstellgleis wieder.

Die Sendungen, die man aufgebaut hat, werden irgendwann mit neuen, jungen Moderatoren besetzt, und Sendungen, die nur Freude und Spaß zu den Kindern bringen, werden als Tummelplatz für Pädophilie betitelt.

Das Harmloseste wird von Menschen schlecht gemacht, und ich weiß bis heute nicht, ob sie es deswegen machen, weil sie einmal eine Schlagzeile liefern wollen oder ob sie wirklich so einen Blödsinn denken, wie sie ihn dann reden. Im Falle meiner Mini Playback Show war es damals eine Sonderschullehrerin, die meinte, ihre eigenen bösen Gedanken auch mit denen der Öffentlichkeit teilen zu müssen. Diese Frau hat es dann sogar bis auf einen Ministerstuhl geschafft.

Nur schlechte Nachrichten sind gute Nachrichten.

So ist es auch bei meinem Buch.

Diese schlechte Erfahrung hatte auch ihr Gutes.

Ich weiß heute, dass ich niemals mehr so blind und kopflos in eine Beziehung gehen werde.

Ich weiß heute, dass ich niemals mehr ein Ziel aus den Augen verlieren werde.

Ich weiß heute, dass ich zu den Menschen gehöre, die es alleine von ganz unten wieder nach oben geschafft haben.

Und ich weiß noch eines: Mein Mr. Bink hatte nur eine Chance mit seinem Plan, bei mir durchzukommen.

Er hatte nur deshalb Erfolg, weil ich lieben kann.

ENDE

Nachtrag: Mr. Bink ist überall

Zwei Sachen weiß ich heute ganz gewiss:

Erstens: Ich traue mir fast sicher zu, dass ich einen Mr. Bink auf den ersten, spätestens jedoch auf den zweiten Blick erkennen und als solchen auch überführen kann.

Zweitens: Ich bin froh, dass ich den Schritt in die Öffentlichkeit gewagt habe, denn so spreche ich für viele Frauen, die leidvoll das Schicksal mit mir teilen, ebenfalls auf einen Mr. Bink hereingefallen zu sein, aber aus Scham darüber schweigen.

Kaum nämlich, dass mein Verlag im Internet angekündigt hatte, dass ich ein Buch über einen Mann schreiben wollte, der mich um alles Hab und Gut gebracht hatte, gingen dort Briefe von ebenfalls betroffenen Frauen ein.

Nachfolgend sind mit Zustimmung der Einsenderinnen einige der Briefe abgedruckt, die zeigen, dass Mr. Bink überall sein kann. Und dass sich die Binks dieser Welt offenbar vermehren wie die Pilze im Wald kurz nach einem Regenguss.

Liebe Frau Amado,

ich finde es gut, dass Sie ein Buch schreiben, wie Ihr Mann vom Traummann zum Albtraum wurde.

Ich bin 35 Jahre alt und habe, als meine Eltern vor einigen Jahren bei einem Verkehrsunfall ums Leben kamen, ein großes Immobilien- und Anlagevermögen geerbt.

Ich war zu diesem Zeitpunkt mit einem netten jungen Mann eng befreundet. Er ist heute Arzt und lebt mit seiner Frau und seinen Kindern glücklich in der Nachbargemeinde.

Ich erzähle Ihnen das deshalb, weil ich diesen Mann für einen Blender stehen ließ.

Den lernte ich bei einem Reitturnier kennen, wo ich von meinen beiden besten Freundinnen förmlich hingeschleift wurde.

Der Mann war so anders zu mir als alles, was ich bis dahin an Männern kannte.

Ich erfuhr erst Jahre später, dass er sich haargenau nach mir erkundigt hatte und seine Angel bereits nach mir ausgeworfen hatte, kaum dass meine Eltern beerdigt waren.

Er kannte mich und wusste alles über mich, bevor ich auch nur eine Ahnung hatte, dass es ihn gab. Er präparierte sich und sein Leben für mich.

Und als er mich dann scheinbar zufällig traf, hat er mich bezaubert und mich im Sturm erobert. Ich schmolz dahin.

Er tat alles für mich, er verwöhnte mich, und das Einzige, was mich ein wenig nachdenklich machte, war sein Tempo, mich unbedingt heiraten zu wollen.

Als meine Eltern noch lebten, hatte ich mir eine Hochzeit so romantisch vorgestellt. Mein Vater sollte mich zum Altar führen, und mit meiner Mutter wollte ich das Hochzeitskleid aussuchen gehen.

Nun waren die beiden tot und ich ganz alleine. Ich konnte den Gedanken, ohne sie zu heiraten, nicht fertig denken.

Er beharrte darauf, und so feierten wir im kleinsten Kreis unsere standesamtliche Trauung.

Er kümmerte sich für mich nun scheinbar um alles Geschäftliche.

Liebste, ich möchte, dass Du wieder lernst zu lachen und fröhlich zu sein. Ich nehme Dir den geschäftlichen Kram ab. Dann kannst Du deinen Tag genießen.

Ich war zu vertrauensselig oder zu blind oder beides und konnte nicht gleich erkennen, was passierte.

Nach drei Jahren kam ich dahinter, dass mein Mann mehr als die Hälfte meines großen Bar- und Anlagevermögens bereits in den Sand gesetzt hatte. Er hatte mit meinem Geld spekuliert und gespielt.

Ich stellte ihn zur Rede und erwartete eine Erklärung von ihm, doch er schlug auf mich einfach knallhart und erbarmungslos ein. Dies geschah immer häufiger, und als ich keinen Ausweg mehr sah, wollte ich mir das Leben nehmen.

Im Krankenhaus traf ich dann wieder meinen Jugendfreund. Ich genierte mich sehr, und doch konnte ich ihm nichts vormachen. Er durchschaute alles.

Er half mir, professionelle Hilfe anzunehmen.

Ich bekam im Krankenhaus kein einziges Mal Besuch von meinem Ehemann, und als ich heimkam, reichte ich die Scheidung ein.

Doch jetzt fing das große Theater erst an.

Er hatte bereits Immobilien verkauft. Wie er das schaffte, klären jetzt die Gerichte.

Ich bin seit einem halben Jahr geschieden und habe einfach nur noch Angst.

Ich habe wahrscheinlich seinen Plan vereitelt. Deshalb ist er so zornig und wütend auf mich. Ich geniere mich sehr, dass ich auf diesen Mann reinfiel.

Herzlichst, Ihre

D. B.

Ein Schreiben ganz anderer Art erreichte den Verlag vor einigen Wochen:

Liebe Frau Amado!

Sie können es nicht wissen, aber Sie begleiteten mich in meiner Kindheit schon oftmals durch schlechte Zeiten. Ihre Kindersendung brachte kurzzeitig die Fröhlichkeit in unsere Wohnung, die sonst fehlte. Mein älterer Bruder und ich wuchsen bei den Großeltern auf, denn unsere Mutter war kurz nach meiner Geburt mit einem anderen Mann durchgebrannt. Als mein Vater irgendwann dann, Jahre später, wiederkam, nahm er uns Kinder einfach aus unserer vertrauten Welt und steckte uns zu seiner sehr jungen neuen Ehefrau.

Die hatte ein großes Haus, ich meinte damals mit alten hässlichen Möbeln, heute sagt man edle, wertvolle Antiquitäten dazu.

Wir Kinder waren unglücklich, wir kannten niemanden in diesem Kaff, nur dieses riesige Haus und der riesige Garten waren spannend für uns.

Die neue Mutter war nett, sie kaufte uns Fahrräder und schicke Klamotten, und wir bekamen von ihr Geld fürs Kino. Mein Bruder, so kam es mir immer vor, schleimte sich besonders bei ihr ein.

Als mein Vater nach einigen Jahren genug von dieser Frau hatte, verschwand er von einem Tag auf den anderen.

Die neue Mutter war traurig, und mein eigener Bruder tröstete sie. Völlig anders, als es ein Stiefsohn machen sollte. Nach der Scheidung von meinem Vater übernahm er dessen Pflichten in Haus und Bett. Ich konnte zusehen, wie die Frau meinem Bruder hörig wurde. Wie sie alles tat, was er wollte, nur um nicht auch noch von ihm verlassen zu werden. Er demütigte diese Frau jeden Tag.

Als ich meinen Bruder auf das schäbige Verhalten hinwies, verwies er mich des Hauses. Hausherr war jetzt er, und was er sagte, musste getan werden.

Nichts erinnerte mich mehr an meinen Bruder, mit dem ich mein leben lang durch dick und dünn ging.

Ich ging also, und als ich einen seiner Freunde mal traf, erzählte er mir lachend, wie toll es mein Bruder jetzt hätte und dass die „Alte", wie er sie nannte, ihm das Haus bereits überschrieben hätte, denn sonst hätte er sie verlassen.

So und nicht anders müsse man mit einer Frau umgehen, meinte er.

Ich schämte mich. Ich muss mit meinem Bruder reden, das war mein Ziel.

Doch er wollte nichts mehr mit mir zu tun haben, ich war ja diejenige, die ihn durchschaute.

Er war je nach seinem eigenen Bedarf zärtlich bis brutal zu der Frau und bekam nach und nach all ihre Habe in seinen Besitz.

Als nichts mehr da war zu übergeben, warf er sie raus. Raus aus ihrem ehemaligen Haus. Kalt lächelnd.

Er arbeitet nichts und hat jetzt wieder ein williges, reiches Opfer gefunden, dass es gilt abzuzocken.

Sein Freund meinte dazu, ach, der Fred, der weiß, wie man es macht. Er hockt sich bei einer rein, verspricht ihr das Blaue vom Himmel und hat dann alles, was vorher mal ihr gehört hat.

Niemand weiß, wie sehr ich mich für meinen Bruder schäme.

Vielleicht können Sie, Frau Amado, mit Ihrer Geschichte dem einen oder anderen Mann, der es auf das Geld und das Haus einer Frau abgesehen hat, das Handwerk legen, weil die Frauen endlich vorgewarnt sind.

Ich freue mich auf Ihr Buch.

Beste Grüße

B. N.

(Name dem Verlag bekannt).

Und Frau K. aus S. schrieb Folgendes:

Sehr geehrte Frau Amado,

ich bin seit drei Jahren Witwe, 39 Jahre alt und kinderlos. Mein Mann war Zahnarzt mit einer sehr gutgehenden Praxis, die ich nach seinem Tod zu einem guten Preis verkauft habe. Durch einige ererbte Mietimmobilien brauche ich mir keine finanziellen Sorgen zu machen.

Nach dem Tod meines Mannes mied ich jede Gesellschaft und wollte am liebsten für mich allein sein. Freunde hatte ich ohnehin wenig in S., da ich nach der Heirat erst hierhergezogen war.

Ich vergrub mich in Haus und Garten. Ich ließ es aber zur Gewohnheit werden, einmal wöchentlich in ein italienisches Lokal zu gehen, da ich den Inhaber von früher her persönlich kannte. Eines Abends wurde ich dort von einem Mann angesprochen, der mir auch schon aufgefallen war.

Er war nett und charmant, sah gut aus und erzählte, er sei aus Berufsgründen nur während der Woche in S., am Wochenende fahre er immer nach P., wo er ein Haus mit Seegrundstück besitze. Der gemeinsame Mittwochabend beim Italiener wurde für uns zur festen Einrichtung.

Nach wenigen Treffen landeten wir abends in seinem kleinen Appartement, und er entpuppte sich als vollendeter Liebhaber. Ich schwebte im siebten Himmel. Er wolle mich demnächst in sein Haus einladen, versprach er, doch dort seien derzeit noch größere Umbauarbeiten im Gange.

Ich lud ihn deshalb arglos zu mir in mein großes Haus ein,und immer öfter blieb er über Nacht bei mir. Ich gab ihm einen Schlüssel zum Haus, und ich akzeptierte, dass er sich an den Wochenenden regelmäßig um seinen Umbau kümmern musste. Oft musste er auch während der Woche dorthin, weil irgendetwas zu regeln war. Ich glaubte ihm alles, verliebt, wie ich war.

Nach etwa einem Monat sprach er mich darauf an, ob ich ihm 20.000,– € leihen könne. Die Kosten für die Umbauarbeiten seien gestiegen, weil er im Hinblick auf unsere gemeinsame Zukunft noch einige weitere Dinge geplant habe, mit denen er mich eigentlich hatte überraschen wollen. Ich bekäme das Geld schnellstmöglich wieder, und schließlich sei es ja für uns beide.

Irgendwo in meinem Hormonrausch begann sich ein Störgefühl zu regen. Ich fühlte mich wie eine Verräterin, als ich beschloss, den Wirt „unseres" Italieners am nächsten Tag über meine neue große Liebe auszufragen.

Was ich erfuhr, war entsetzlich. Er hatte sich, bevor er mich ansprach, ganz genau über mich erkundigt, wer ich sei, wo ich wohne usw. Ich fuhr zu seinem Appartement, wo Licht brannte. Auf mein Klingeln hin meldete sich eine Frauenstimme über die Sprechanlage.

Noch am gleichen Abend ließ ich von einem Notdienst alle Zugangsschlösser meines Hauses austauschen. Er meldete sich nicht mehr bei mir, er hatte in dieser Nacht mein Auto auf der Straße vor seinem Appartement erkannt und wusste, dass sein Spiel aus war. Trotzdem musste ich Gewissheit haben und beauftragte eine Auskunftei.

Das Ergebnis war niederschmetternd. Nichts, was er mir erzählt hatte, stimmte. Natürlich gab es auch kein Haus in P. Er wohnte zur Miete und war hochverschuldet.

Ich habe zwar mein Geld gerettet, kann aber seitdem niemandem mehr trauen. Ich fühle mich beschmutzt und gedemütigt.

Danke, dass Sie sich des Themas angenommen haben. Ich weiß jetzt, dass ich nicht die Einzige bin, die auf einen solchen Schwindler hereingefallen ist.

Hochachtungsvoll

Ihre C. K.

Und ein weiterer Brief lautete folgendermaßen:

Sehr geehrte Frau Amado!

Als ich von Ihrem Schicksal hörte, tat es mir sehr Leid, dass es anscheinend noch mehr Mistkerle in dieser Welt gibt. Einerseits besonders schade zu sehen, dass dieses Schicksal gerade Ihnen widerfahren ist, jedoch gibt es mir auch Hoffnung, nicht allein in dieser Welt zu sein.

Als ich meinen Mann vor 15 Jahren kennen lernte, war ich gerade mal 24 Jahre alt. Er war schon ein sehr erfolgreicher Unternehmer und hatte Firmen in Ländern, die ich noch nicht mal beim Namen kannte.

Es war unser beider Anliegen, so schnell wie möglich zu heiraten und Kinder zu bekommen. Trotz des großen Altersunterschieds war er mein Traummann, er trug mich auf Händen, wie ich es mir in meinen schönsten Träumen nicht vorstellen konnte. Als ich mit meiner zweiten Tochter schwanger wurde, beschlossen wir, dass es besser sei, wenn ich mir eine längere Auszeit von meinem Beruf nehme, um mehr Zeit für die Kinder zu haben.

Eines Abends kam mein Mann etwas früher als sonst nach Hause, um mir einen Vorschlag zu unterbreiten. Ich solle seine Firmen übernehmen, um so sicherzugehen, dass sich seine Geschäftspartner im Falle seines Ablebens nicht über die Firma hermachten und seine heiß geliebte Familie leer ausgeht.

Ich willigte ein.

Wenn er schon so fürsorglich an seine Familie dachte, war es selbstverständlich, dass ich seinen Wunsch respektierte. Das war der wahrscheinlich größte Fehler meines Lebens.

Es würde sich ja ohnehin nichts verändern.

Ich solle bei den Kleinen bleiben, und er würde versprechen, uralt zu werden.

Wenige Tage später fuhr mein Mann auf Geschäftsreise.

Er meinte beim Abschiedskuss, er sei in einer Woche wieder zurück. Doch schon drei Tage später hatte ich die Steuerfahndung, die Finanzbehörden und jede Menge fremde Menschen in unseren vier Wänden, dass mir noch heute kotzübel wird, wenn ich daran denke.

Kurz und gut: Mein Mann hatte mir seine in total roten Zahlen stehenden Firmen übertragen. Viele seiner Firmenkonstrukte waren nur Scheinfirmen. Geld war hin- und hergeschickt worden

Von wegen Absicherung! Alles wurde uns genommen. Ich musste mit den Kindern sofort das Haus verlassen, in dem wir lebten.

Von einem Moment auf den anderen standen wir auf der Straße.

Eine befreundete Anwältin nahm uns in ihr Haus auf.

Sie half mir bei der Durchsicht der wenigen verbliebenen Unterlagen, und sie half mir, meinen Mann zu finden.

Denn der war abgetaucht. Ich konnte es nicht fassen! Meine Kinder fragten ständig nach ihrem Vater. Ich musste mich um Dinge kümmern, von denen ich keinen Schimmer hatte.

Interpol fahndete nach ihm, und nach 18 Monaten bekam ich heraus, wo er war. In einem Land, wo es kein Auslieferungsabkommen gibt.

Ich kämpfe um Gerechtigkeit, denn zu allem, was ich und meine Kleinen durchmachen, muss ich mich geschäftlich rechtfertigen und verantworten. Nur meiner Anwaltsfreundin habe ich es zu verdanken, dass ich nicht auch noch im Gefängnis sitze.

Ich hoffe, ich habe Kraft durchzuhalten.

Ich freue mich auf Ihr Buch. Auch ich habe einen Traummann gehabt, der zum Albtraum wurde.

Alles Gute für Sie

Ihre Sophie M.

Der folgende Brief hat mich von allen am meisten erschüttert, denn er ist von einer meiner langjährigen Freundinnen, deren Schicksal mich darin bestärkt hat, mein Buch zu schreiben.

Weder ihre Erinnerungen noch meine sind dadurch ausgelöscht, doch vielleicht helfen sie anderen Frauen, nicht in diese leidvolle Mr.-Bink-Falle zu tappen.

Mein Mr. Bink

Meinen damaligen Mann habe ich Anfang 1969 kennen gelernt. Ich war Stewardess einer großen holländischen Fluggesellschaft und hatte ein sorgenfreies Leben.

Mein Mr. Bink hatte mich auf einem Foto gesehen und wollte mich partout kennen lernen. Gegenüber gemeinsamen Bekannten hatte er geäußert, er wollte mich „flachlegen". Ich war also vorgewarnt und lehnte wochenlang seine Einladungen ab. Zu einem bestimmten Zeitpunkt dachte ich, ich kann wohl mit ihm essen gehen, da ist wohl nichts dabei.

Mein Mr. Bink, so stellte ich fest, war ein sehr gut aussehender intelligenter Mann mit guten Umgangsformen, Höflichkeit und viel Humor.

So folgten die nächsten Rendezvous, so lange, bis ich mich in ihn verliebte.

Bald machte er mir einen Heiratsantrag, und ich segelte in eine Großindustriellen-Familie hinein. Dort wurde ich allerdings nicht so gerne gesehen, da ich keine Titel besaß und meine Familie nicht von gleicher „Bedeutung" war. Das ließ man mich immer wieder spüren.

Wir heirateten, viele Feste wurden gefeiert und abschließend ein großer Ball gegeben. Die Heiratskonditionen wurden von seiner Familie festgelegt, und zwar ein Ehevertrag mit Gütertrennung.

Denn, so wurde mir vermittelt, wenn er sich selbstständig machen würde, was er bald auch tat, würde man den privaten Besitz in meinem Namen festlegen können. So würden wir den Besitz behalten, wenn geschäftlich etwas schief gehen würde.

Unglaublich. Ein Tag nach der Hochzeit hatte er sich so sehr verändert, dass ich ihn fragte, was denn los sei. Er hatte sein Ziel erreicht, so sagte er, und damit war für ihn die Spannung vorbei. Während unserer Hochzeitsreise unter anderem nach Gstaad ging er schon mit einer Südamerikanerin fremd. Auf hochhakigen Schuhen und im Abendkleid kehrte ich zu Fuß durch den Schnee allein vom Schlosshotel zum Chalet meiner Schwiegereltern zurück. Er tauchte erst beim Frühstück auf.

Damals schon wollte ich handeln, doch ich konnte nicht, aus Rücksicht auf die ganze Familie, die auch anwesend war.

Ich bekam in dieser Ehe drei wundervolle Kinder, auf die ich mich konzentrierte und alle nachfolgenden Beleidigungen wegdrückte. Nach einiger Zeit konnte ich ihn überzeugen, in unserer Umgebung ein altes Bauernhaus zu kaufen, das ich mit täglichem Einsatz und viel eigener Leistung renovierte. Später konnten wir das Haus mit gutem Gewinn verkaufen.

Von dem von mir erwirtschafteten Profit kauften wir ein Haus in Portugal, das dann auch auf meinen Namen registriert werden sollte. Doch so weit kam es nie. Immer wenn ein Notartermin anstand, weigerte er sich, dorthin zu gehen, denn er wollte lieber das gute Wetter nutzen, um Golf zu spielen – seine große Leidenschaft.

Es gab viele Spannungen, denn ich wusste damals noch nicht, was da alles lief, und immer öfter gab es Streit. Es gab Diskussionen, Aggressionen, viel Alkoholeinfluss auf seiner Seite, und ich wurde mehrfach brutal geschlagen und getreten – auch im Beisein der Kinder. Einmal warf er mich sogar in brühend-heißes Badewasser.

Später stellte sich heraus, dass mein Mr. Bink der Geliebte von fast allen meinen vermeintlichen „Freundinnen" war. Die außerehelichen Aktivitäten meines Mannes führten letztendlich dazu, dass auch ich mit Geschlechtskrankheiten konfrontiert wurde.

Nach einigen Jahren bin ich dann mit den Kindern in unser Haus in Portugal umgezogen. Meinem Mann kam dies sehr entgegen, weil er dann zu Hause frei agieren konnte und weil es seinem Unternehmen steuerliche Vorteile brachte. Denn auch er ließ sich offiziell in Portugal registrieren.

So ungefähr jede zweite Woche kam er für ein Wochenende nach Portugal (wegen der Steuer), und die Aggressionen gingen weiter.

In dieser Zeit reiste meine Tochter (13 Jahre) alle drei Monate wegen eines kieferorthopädischen Termins nach Holland. Eines Tages kam sie nicht mehr zurück. Er hatte sie ohne mein und ihr Wissen bei seinen Eltern untergebracht, und sie durfte keinen Kontakt mit mir aufnehmen. Bald bezahlte er auch das Schulgeld unserer Söhne in Portugal nicht mehr, sodass die Kinder von der Schule verwiesen werden sollten.

Wie sich später herausstellte, hat er in dieser Zeit auch meine Krankenversicherung gekündigt, sodass ich ohne Versicherungsschutz war. Auch kam er für unseren Unterhalt nur noch gelegentlich auf mit dem Resultat, dass ich neben den von mir gefertigten kunsthandwerklichen Gegenständen auch Einrichtungsgegenstände verkaufen müsste, um für das tägliche Leben aufkommen zu können.

Nachdem er den Scheidungsprozess eingeleitet hatte, stellte er mir eine Falle. Er schickte einen Psychologen (wie sich später herausstellte, war er dies nicht) zu meiner „Betreuung" nach Portugal. Dessen Freundin warnte mich damals und sagte, dass es sein Ziel sei, mich in psychiatrische Behandlung zu bringen, damit ich später beim Prozess das Sorgerecht für die Kinder nicht bekommen konnte.

Kurze Zeit später kam er dann zusammen mit einem Freund nach Portugal und nahm neben allen ihm wertvoll erscheinenden Gegenständen auch unsere beiden Söhne, gegen deren und meinen Willen, mit nach Holland. Mich ließ er am Boden zerstört und mittellos sitzen.

Was mir blieb, war sein Versprechen, dass ich das damals noch vorhandene Auto und das Haus zu meine Gunsten verkaufen könnte. So begann ich mit der Renovierung des Hauses. Aus der Zusage, dass der gesamte Ertrag des Hauses für mich sein sollte, wurden dann später 50 Prozent, dann fünf Prozent, und letztendlich erhielt ich weder von Ertrag des Hauses noch vom Verkaufserlös des Autos auch nur einen Cent.

Damals habe ich einen deutschen Mann kennen gelernt und ging dann mit ihm nach Deutschland. Eine Möglichkeit, nach Holland zu gehen, gab es nicht, weder bei der Familie noch bei Freunden konnte ich unterkommen.

Alles, wofür ich 18 Jahre lange gearbeitet und oft auch gelitten hatte, war weg. Mein Mann hatte alles aus Portugal mitgenommen, was er damals als wertvoll ansah. Ein wenig Tafelsilber und ein Aquarell eines holländischen Malers schienen ihm der Mühe nicht wert, so kam es in meinen Besitz.

Der Scheidungsprozess wurde damals ein langes und für mich erniedrigendes Drama. Ich habe nie etwas bekommen, dafür war die Familie anscheinend zu einflussreich.

20 Jahre nach der Scheidung erfuhr mein Mr. Bink davon, dass das von ihm damals in Portugal zurückgelassene Aquarell in meinem Besitz war. Obwohl ich es zwischenzeitlich verkauft hatte, um mit dem Erlös unsere gemeinsamen Kinder finanziell zu unterstützen – was er nie tat und bis heute nicht tut –, verklagte er mich auf Herausgabe „seines" Besitzes.

Am letzten Prozesstag stellte der Richter dann fest, dass es meinem Mr. Bink nie um das Gemälde, sondern immer nur um einen

Akt der Rache gegangen war. Einen Mann seines Standes verlässt man nicht ungestraft, auch nicht unfreiwillig. Tolle Arbeit meiner Anwältin.

Mit meinem heutigen Mann habe ich noch eine wundervolle Tochter bekommen, und das Verhältnis zu meinen Kindern und auch deren Verhältnis untereinander ist fantastisch.

Heute bin ich auf einem Auge erblindet - das Resultat eines Faustschlags meines damaligen Mannes. Auch fünf Operationen konnten mein Auge nicht retten.

Marijke Amado bin ich sehr dankbar für ihren Mut, dieses Buch zu schreiben. Damit sollen andere Frauen gewarnt und hoffentlich manches Leid verhindert werden.

Nun, ich Nachhinein weiß ich, dass meine „innere Stimme" oder mein „höheres Ich" mich immer warnte. Hätte ich es anders machen können, vielleicht. Ich bin glücklich, meine Kinder zu haben, doch das Leid, das ihnen angetan wurde, verfolgt mich bis heute.

Marie

Danksagung

Mein Buch ist fertig. Der Schlussstrich unter eine Lebenserfahrung der besonderen Art ist gezogen. Ich bin glücklich, dass ich es geschafft habe. Und ich möchte auch Danke sagen.

Ich danke Gerda Melchior für die großartige Zusammenarbeit.

Ich danke allen Freundinnen und Freunden, die mich im Laufe der Jahre gewarnt haben.

Ich danke allen Freundinnen und Freunden, die mich in dieser schweren Zeit unterstützt haben.

Ich danke allen Freundinnen und Freunden, die mir neue Zukunftsperspektiven aufgezeigt haben.

Marijke Amado